Agradeça *e* Enriqueça

Valorize relacionamentos,
potencialize seu sucesso.

Agradeça *e* Enriqueça

Valorize relacionamentos, potencialize seu sucesso.

G. Soares

PandorgA
NACIONAL

Direção Editorial
Silvia Vasconcelos
Assistente Editorial
Thaluana Meira
Preparação
Helen Bampi
Diagramação
Gabriella Regina
Composição de capa
Emerson Iwama — Freez Creative Studio
Revisão
Alline Salles (AS Edições)
Ilustração
Djulie Scaff
Juliana Goes

Texto de acordo com as normas do Novo Acordo Ortográfico da Língua Portuguesa
(Decreto Legislativo nº 54, de 1995)

Dados Internacionais de Catalogação na Publicação (CIP)
Ficha elaborada por: Tereza Cristina Barros - CRB-8/7410

Soares, G..
Agradeça e enriqueça : valorize relacionamentos, potencialize seu sucesso / G. Soares. -- 1. ed. -- São Paulo : PandorgA, 2015.
216 p. ; 16 x 23 cm.

ISBN 978-85-8442- 080-3

1. Autoajuda 2. Gratidão 3. Homens - Brasil - Biografia 4. Relações humanas 4. Sucesso. I. Título.

30.09/031-2015 CDD- 927.1

2015
IMPRESSO NO BRASIL
PRINTED IN BRAZIL
DIREITOS CEDIDOS PARA ESTA EDIÇÃO À
EDITORA PANDORGA
AVENIDA SÃO CAMILO, 899
CEP 06709-150 — GRANJA VIANA — COTIA — SP
TEL. (11) 4612-6404

SUMÁRIO

*Na vida, somos influenciados e influenciadores,
o que fará diferença é que tipo de
influência aceitar e que legado deixar
às pessoas influenciadas.*

PREFÁCIO

O LIVRO QUE GERVÁSIO NOS APRESENTA É MUITO ESTIMULANTE desde a lapela da capa, quando cita Abraham Lincoln — "Mensagem do Homem do Povo" — em texto que nunca se exaure diante da grandeza das colocações do antigo Presidente americano, parecendo-me que essas palavras servem de via régia para o que virá na obra de Gervásio.

De fato, Gervásio escreve, de maneira límpida, um texto leve e agradável ao leitor, mencionando crônicas de sua vida cotidiana, relatos comoventes da infância, cenas familiares, escolares, brindando-nos com relatos deliciosos, como as primeiras experiências urbanas ("a primeira viagem de táxi"), dando-nos a conhecer sua vida de caserna, a relação com as autoridades militares e sua inserção na prática religiosa.

Suas viagens também são mencionadas de maneira instrutiva para o leitor, com um humor refinado e deleitável, como, por exemplo, Maputo e Israel, ilustrados de forma que nos atiçam a vontade de ir a esses lugares.

Somado a isso chama a atenção do leitor a forma como Gervásio nos conduz na sua trajetória de trabalho e a confiança na sua capacidade, que o empurra sempre além, com muita coragem e decência, transmite princípios inteligentes, preciosos, sempre marcados por citações e belas fábulas que coleciona e, generosamente, nos oferece à leitura.

Gervásio fala do "sucesso" de maneira inédita, sem moralismos ou conselhos, argumentando com toda sua inteligência e experiência acumulada nos seus anos de vida, referindo-se sempre de maneira amorosa à família, esposa e filhos, como que simbolizando sua proteção e cuidado com sua descendência. Muito bonito.

Gervásio se introduz no meio literário praticando algo incomum ao ser humano nos dias atuais, que é o reconhecimento, o agradecimento e, sobretudo, o olhar generoso àqueles (onde me incluo) que com ele conviveram nos primórdios da sua bela e profícua existência.

A todos, uma bela leitura!

Dr. Marcos Augusto Malucelli – Advogado

Não se surpreenda com a ingratidão,
os agradecidos são exceção.

Momentos marcam nossa vida;
Experiências dignificam e enriquecem
nossas conquistas.

Introdução

Sou grato a você que está lendo este livro. Meu sincero desejo é que ele supere todas as suas expectativas.

Este livro é mais uma de minhas atrevidas incursões por esse universo que me encanta — o dos escritores. Meu intuito, nesta modesta obra, é lhe mostrar algo em que creio. Depois que você assimilar as informações, perceberá que se trata do óbvio, mas que, muitas vezes, passa despercebido por nós.

Quando se trata do assunto riqueza, o foco, normalmente, está nas coisas. Consequentemente, os escritores dedicam maior parte de sua atenção em apresentar modelos de rendimentos, visando à concretização de sonhos financeiros e realizações profissionais antes jamais imagináveis.

Neste contexto, fala-se sobre empreendedorismo, visão empresarial, renda alavancada, modelos diversos de aplicações, marketing pessoal e multinível e outras formas de fazer fortunas.

Por meio deste livro, pretendo ajudá-lo na organização e nas conquistas de metas e objetivos, independentemente do seu grau de escolaridade ou experiência profissional, mas usando um método não muito comum, porém, acredite, é prático e funciona sempre: é a **gratidão**.

Creio que valha a pena ler este livro pelas informações nele contidas e porque ele abre um caminho para realizações pessoais, como registrar sua própria biografia, oportunidade de negócios e marketing pessoal. Eu, particularmente, considero que a "gratidão" traz a oportunidade de mudar seu futuro, impactar outras pessoas e gerar um ciclo virtuoso de benefícios, como uma ferramenta poderosíssima que fará a diferença no presente e no futuro. É natural que você encontre muitas informações que sejam de seu conhecimento, não estranhe, afinal, não tenho a pretensão de me considerar o autor desta modesta obra. Não vou reinventar a roda, na realidade, o que procurarei é narrar os fatos que considero relevantes para você, que destinará parte do seu precioso tempo para apreciar este livro.

É bom lembrar que as margens das rodovias estão cheias de sinais de trânsito; mesmo que conheçamos o caminho, precisamos estar atentos a eles para que tenhamos uma viagem tranquila e possamos chegar ao destino com segurança.

Você é o piloto de sua vida e creio que vale a pena observar estas sinalizações simples, mas creio que sei que poderão ajudá-lo na caminhada, porque, quem cultiva a vida com sabedoria, aumenta seus bens e diminui seus males.

Gervásio Soares de Matos
gervasiosmatos@gmail.com

AGRADECIMENTOS

Sou grato a Deus pela oportunidade de ser útil por Sua generosidade e amor.

À minha querida e amável esposa Vera Lucia, que tem compreendido, respeitado e até apoiado minhas opções, tendo estado comigo nos bons e nos "menos bons" momentos de minha vida.

Aos meus filhos, Gervásio Junior, e Vinícius, que, pelos filhos que são, servem como motivação para meus trabalhos extras.

Aos meus pais, João A. Matos (em memória) e Rita Soares de Matos, que fizeram grandes sacrifícios para nos ensinar a andar no caminho do bem.

A um ilustre amigo do tempo de adolescência, Desembargador Dr. Carvílio da Silveira Filho, que, por seu exemplo e sábios conselhos, alterou para sempre o curso de minha vida, inclusive servindo de inspiração para o título desta obra.

À Desembargadora Dra. Nair Lunardelli, por ter colocado um divisor de águas na minha vida aos 14 anos de idade.

Ao Dr. Marcos Augusto Malucelli, por aceitar prefaciar esta obra.

Ao Netto, mais do que um amigo, um verdadeiro irmão.

Ao amigo Desembargador Dr. Gamaliel Seme Scaff (Seminho), por ter me feito entender o quanto vale uma amizade verdadeira.

Ao Coronel R1 Zauri Tiarajú, muito mais do que comandante, um amigo, chefe, conselheiro e defensor.

Ao tenente Edésio Gomes, companheiros de momentos memoráveis e abençoados.

Ao amigo Edson, uma referência maravilhosa de pessoa do bem em minha adolescência.

Ao pastor Lote Daniel Monjane, diretor da escola 24 de Outubro de Maputo-Moçambique, pela forma carinhosa que nos recebeu, e pela sua admirável dedicação ao próximo.

À psicóloga Solange Galdino, à Dra. Shilma Machado e à professora Sônia Regina, que participaram ativamente em minha odisseia de escritor neste primeiro livro.

Aos meus sogros Valeriano e Olimpia, que são um exemplo de luta, persistência, companheirismo e fé, sendo motivo de orgulho e a melhor referência de uma família equilibrada e feliz.

À equipe de trabalho, nossos diversos colaboradores que têm estado conosco, potencializando nossos resultados. Sem eles, jamais poderíamos escrever este livro.

Aos muitos colaboradores anônimos que participam conosco em diversas ações humanitárias no Brasil e fora dele.

A você que está lendo este livro, meu sincero desejo é que ele possa superar suas expectativas.

Finalmente, quero agradecer a todas as pessoas que fizeram e fazem parte de minha vida, influenciando-me e motivando-me a continuar acreditando na possibilidade do sucesso, inclusive os diversos professores, mentores, palestrantes e escritores, pois, sem eles, nunca teria saído da redoma do comodismo.

NOTA DO AUTOR

Sempre desejei escrever um livro, e aqui estou com o meu laptop, escrevendo o terceiro.

No meu primeiro livro, fui orientado por um amigo, o professor Gretz, um palestrante admirável e grande incentivador das pessoas otimistas, que imprimisse mil livros por conta própria para ver a aceitação, mas, por perceber a vantagem de fazer um volume maior de impressão, por questão de custo, fiz 2.500 livros. Foi a primeira vez que percebi o quanto vale o conselho de quem já passou pelo caminho que pretendemos trilhar.

Você vai perceber que, se tivesse que ganhar a vida como escritor, já teria morrido de fome. Respeito a opinião de alguns de meus leitores, que procuram me motivar a escrever, mas acho que me falta muito para ser um bom escritor e também não é isso que pretendo mostrar. Neste livro, quero, simplesmente, disponibilizar alguns conceitos que têm me ajudado a atingir meus objetivos, em especial externar minha gratidão a muitas pessoas que considero melhores do que eu em muitos aspectos. Seus exemplos, palavras de motivação ou demonstração de amizade contribuíram sobremaneira para que, de alguma forma, visualizasse um futuro melhor e perseguisse esses objetivos.

Espero, sinceramente, poder ajudá-lo a atingir os seus.

Uma das grandes lições que aprendi ouvindo alguns palestrantes e lendo alguns livros é que tudo na vida tem regras definidas, leis que regem esse universo.

Nas finanças, não é diferente. Existem quatro leis básicas para o sucesso financeiro, que são: Lei do **Ganhar**; Lei do **Gastar**; Lei do **Economizar;** e Lei do **Investir**.

Quando consegui aplicar esses princípios na vida, a minha relação com o dinheiro mudou completamente e, consequentemente, meus resultados financeiros.

Como dinheiro não é tudo e, em alguns casos, pode ser um problema, a partir desse princípio, passei a aplicar as quatro Leis para o sucesso e bem-estar social:

1ª Lei: **Ganhar** sempre mais **amigos**.
2ª Lei: **Gastar** parte do tempo fazendo o bem a outras pessoas.
3ª Lei: **Economizar** críticas, para aplicar em elogios.
4ª Lei: **Investir** o máximo em reconhecer e **agradecer**.

Passei, então, a buscar formas de agradecer às pessoas que fizeram parte da minha vida e que contribuíram muito para o meu sucesso. A princípio, escrevi um livro em forma de alegoria, uma história em que essas pessoas figuravam em uma linguagem alegórica.

Em seguida, passei a visitar algumas dessas pessoas e presenteá-las com um exemplar do livro.

Mesmo escrito de forma alegórica, o livro *Otimista de Sucesso* foi escrito com o propósito de reviver os bons e não tão bons momentos. Em minha memória, procurei relembrar as pessoas e todo o bem que, consciente ou inconscientemente, me fizeram.

Em uma dessas visitas, fui ao Tribunal de Justiça do Estado do Paraná para rever o Dr. Carvílio, sem marcar uma audiência. Eu apenas pretendia deixar um exemplar do meu livro em forma de agradecimento. Ele me deu um conselho muito útil na adolescência.

Fui recebido com um sorriso e uma hospitalidade que lhe é peculiar, apesar do peso da autoridade magistral.

Fiquei realmente feliz e revivemos lembranças memoráveis que marcaram a minha vida.

Preocupado com o tempo e em usar o bom senso para não ser inconveniente, entendendo as responsabilidades de um desembargador de Justiça, manifestei ao Dr. Carvílio minha preocupação em não exceder a visita, ao que, surpreendentemente, ouvi a frase que dá título a este modesto livro: "Sua visita enriqueceu meu dia".

Minha intenção era apenas externar minha gratidão pelo bem que já tinha recebido, que, para mim, era muito, entretanto, recebi infinitamente mais ao voltar e agradecer.

Creio que o maior prêmio para uma pessoa, escritor, palestrante, professor ou um mentor qualquer, é ter a satisfação de ver o seu nome incluído nas histórias de outras pessoas. Quem sabe, um dia, você vai poder dizer que estas informações o fizeram mais feliz e o ajudaram a atingir algum dos seus objetivos. Por isso, resolvi escrevê-las. Se elas forem úteis a você, sentir-me-ei uma pessoa plenamente realizada.

É menor pecado elogiar um mau livro sem o ler do que depois de o ter lido. Por isso, agradeço imediatamente depois de receber o volume. Não há vida literária plenamente virtuosa.

Carlos Drummond de Andrade

PARTE I

O INÍCIO DA MINHA HISTÓRIA E A ESTRELA-DO-MAR

INFÂNCIA E INSPIRAÇÕES

NASCI EM UM LUGAREJO CHAMADO TATU, DISTRITO DE Franciscópolis, em Minas Gerais, em 1963. Posso dizer que, literalmente, vim do buraco do tatu.

Tive uma infância muito simples, e o primeiro calçado chegou aos 4 ou 5 anos de idade. A felicidade era tanta, que chegava a dormir com o sapato.

Quando mudamos de Minas para o Paraná, fomos morar em uma região de mato cerrado e o que se ouvia eram histórias de animais ferozes e canto dos passarinhos. Nosso lazer era correr arrastando um cabo de vassoura como se estivéssemos montados em um cavalo e, uma vez ou outra, sair escondidos dos pais para pescar e tomar banho no rio.

Fui engraxate, carregador de sacola nas feiras, e vendedor de laranja ambulante na carroceria de caminhão.

Você vai ler muitas vezes minhas referências às pessoas que exerceram influência em minha vida. O que faço como dever de justiça é, simplesmente, uma forma de agradecê-las. Algumas anônimas, outras, hoje, são celebridades, mas bons amigos, e devo a elas parte significativa de minhas conquistas.

É lógico que existem muitas outras, que não citarei, mas que a elas também sou eternamente agradecido.

Na infância, no Paraná, minha mãe criava bastante galinha, então, de vez em quando aparecia um cidadão em minha casa. Era o Sr. Zé Frangueiro, ele comprava ovos de galinha e vendia aviamentos e outras bugigangas.

O que me chamou a atenção é que, nas primeiras vezes em que apareceu no sítio, vinha de bicicleta, e me deixava curioso o papelão colocado na roda para que as galinhas não enfiassem a cabeça nos raios, pois as galinhas ou frangos eram carregados pendurados na garupa ou no guidão da bicicleta.

Algum tempo depois, o Sr. Zé Frangueiro apareceu de carrinho de animal, com uma gaiola dentro; eu achava o máximo, não eram muitas as pessoas que possuíam carrinho tipo charrete naquelas bandas na época.

Pouco tempo depois, ele apareceu de Jeep, cheio de bugigangas para trocar por frangos; então tirei minhas conclusões. "O negócio não é carpir, e sim comprar frangos. Vou ser como o Zé Frangueiro." Concluo que meu raciocínio não estava errado, o escambo, "troca", seja de mercadorias ou informações, é um ótimo negócio, desde que feito com responsabilidade visando a reciprocidade dos benefícios.

Um casal pelo qual tenho até hoje admiração indescritível é o Sr. Braz e a D. Denair. Na infância, mais ou menos na mesma época do episódio do Zé Frangueiro, eles nos visitavam no sítio.

O que me chamava a atenção, além de se vestirem muito bem e terem um carro muito bonito, era a forma carinhosa como nos tratavam. Nunca me esquecerei de gestos tão grandiosos que me fizeram querer parecer com eles.

APRENDENDO COM OS DESAFIOS

QUANDO TIVE CONTATO, PELA PRIMEIRA VEZ, COM A LUZ ELÉtrica, tentei até apagar uma lâmpada soprando; o que aprendi é que não apaga!

Ilustração de Djulie Scaff. Ilustradora e estudante de piano na faculdade de Nyack no estado de Nova York. Cresceu em uma família cristã na qual teve contato frequente com a arte e a música, é a mais nova dos seis filhos de Dr. Gamaliel Scaff e Dra. Sônia Scaff, amigos de adolescência do autor.

Vou explicar: meu irmão mais velho casou-se e foi morar em um povoado chamado Encantado do Oeste. Fomos, então, visitá-lo, e havia um abajur colocado bem próximo à porta de saída, na sala. Quando vi aquela lâmpada dentro, associei a uma lamparina, assim para apagar aquela luz, a única forma que me era familiar era soprar.

Já descobri que não sou a única pessoa que passou por essa experiência.

Quando participei do curso de palestrante na Academia de Palestrantes, em São Paulo, logo na apresentação percebi que estava no lugar errado.

Todos os palestrantes que me antecederam, ao fazerem suas apresentações, comentaram sobre seus currículos recheados de muitas informações e alguns com um QI — "Quem Indique" — invejável.

Por alguns instantes, pensei: "O que estou fazendo aqui entre essas feras?".

Como não encontrei nada de espetacular no currículo que fosse digno de publicar naquele momento, lembrei-me de minha experiência com a lâmpada.

Contei aos colegas e à plateia presente parte de minha trajetória e fiz questão de salientar que, para mim, estar ali entre aquele seleto grupo de palestrantes já fazia eu me sentir uma pessoa bem-sucedida.

Concluí falando do meu propósito de ajudar outras pessoas a mudarem seus destinos, aprendendo cada dia uma coisa nova, e aquela era uma oportunidade ímpar. Disse que, ao ouvir os colegas, entendi que estava no lugar certo, com pessoas muito melhores do que eu, o que considerava uma excelente oportunidade para aprender muita coisa nova.

Concluímos o curso depois de algumas semanas e ninguém mais se lembrava do nome de nenhum daqueles palestrantes, mas se lembravam do palestrante que contou a história da lâmpada soprando.

Não somos bons em tudo, mas sempre podemos aprender e crescer, o importante é reconhecermos nossa real posição na vida e o quanto as pessoas que têm mais informação do que nós podem nos ajudar a atingir nosso objetivo.

É melhor ficar vermelho uma vez falando
a verdade do que amarelar sempre.

GRATIDÃO AOS PROFESSORES

Estudei da 1ª à 4ª série em uma escola que tinha uma classe só e uma professora dava aula para todas as séries, no distrito de Encantado do Oeste, município de Assis Chateaubriand, Paraná.

Nunca esquecerei a professora Ivone, uma jovem muito simpática e aplicada, lecionando em uma classe assim distribuída:

1º Ano/fila 1

2º Ano/fila 2

3º Ano/fila 3

4º Ano/fila 4

Formei-me no quarto ano do primário, com direito a baile de formatura e o tão esperado presente de formatura: um relógio.

Quando eu tinha 12 anos, meus pais mudaram-se para a capital, Curitiba.

A escola em que fui estudar era um orfanato, com alunos que viviam em internato e outros alunos externos, que só participavam da escola.

Sempre tive interesse em saber o que se passava na cabeça de uma criança criada sem os pais. Às vezes, fazia amizade com alguns deles e percebia que eram muito discriminados pelos alunos que vinham de fora. Mas, muitas vezes, eu me sentia um deles. Eu era o típico garoto filho de gente trabalhadora e simples, vindo da roça, em um mundo dos garotos que eram alguns órfãos e outros considerados "espertos", com dinheiro, que tinham aquilo que eu não conseguia ter, o que, muitas vezes, me fez sentir o bobo da corte, sendo motivo de muitas chacotas.

Recebi diversos apelidos maldosos e, mesmo depois de estar no Exército, anos mais tarde, continuei sendo vítima de alguns desses apelidos.

GRATIDÃO A QUEM APONTOU O CAMINHO

MEU PRIMEIRO TRABALHO EM CURITIBA FOI CARREgar sacola nas feiras, indicado por alguns meninos da rua em que eu morava, e foi onde comecei a usar a estratégia de procurar selecionar as clientes pelo valor das gorjetas, e minha maior motivação era comer aquele pastelão na banca do japonês, recheado com muita salada, na agradável companhia dos colegas de trabalho.

Nesse tempo, apesar de ser muito criança, minha rotina era bastante intensa. Eu fazia a feira nas quartas, quintas e sextas-feiras, pela manhã. Estudava à tarde e vendia laranja em um caminhão "ambulante" aos sábados. Sei que, ao ler esse relato, você pode imaginar isso como trabalho escravo, mas sou grato a Deus pelas oportunidades e aos meus pais que, apesar de analfabetos, diziam que o trabalho honesto não faz mal a ninguém. Graças a essa visão, posso dizer que foi assim que aprendi um pouco da arte da venda.

Ouvimos quase todo dia alguém criticando o trabalho infantil, o que penso ser procedente, mas o que considero contraproducente é que muitas pessoas que estão acima da linha da pobreza dificilmente se dispõem a buscar mecanismos para ajudar essas famílias a mudarem o futuro de seus filhos.

Não estou fazendo apologia ao assistencialismo. O que penso é que precisamos ser mais preocupados com o próximo, até porque moramos de parede e meia; se a casa do vizinho pega fogo, a minha também está em perigo.

Um bom exemplo é este livro. Destinei 50% dos royalties para investir em projetos sociais.

Em minha visita a Moçambique, fui conhecer a escola 4 de Outubro, que está na região periférica de Maputo. Ao saber da história de alguns alunos daquela escola, entendi que precisava ajudar, pelo menos um pouco, a custear os estudos de algumas crianças cujos pais não conseguiam pagar o equivalente a 20 reais de mensalidade em uma escola.

Inclusive, não existe gratuidade escolar em Moçambique.

A escola particular paga-se mensalmente, a pública paga-se anuidade, ou seja, na matrícula, o equivalente a 100 reais aproximadamente.

Levando em conta que muitas famílias não recebem isso por mês e precisam de moradia, roupa, alimentação, consequentemente, a escola fica em quinto plano ou até mesmo fora dele.

Não quero me apresentar como o bom samaritano ou salvador da pátria, mas preciso fazer minha parte, não quero passar por essa vida sem que tenha ajudado pelo menos uma pessoa sequer.

A ESTRELA-DO-MAR

SABE AQUELA HISTÓRIA DA ESTRELA DO MAR? VALE A PENA CONTAR, até porque é a história de alguém, que nem sabemos o nome, mas disposto a fazer a diferença.

Era uma vez, um escritor que morava em uma praia tranquila, junto de uma colônia de pescadores. Todas as manhãs, ele caminhava à beira do mar para se inspirar, e à tarde ficava em casa escrevendo. Certo dia, caminhando na praia, viu um vulto que parecia dançar. Ao chegar perto, notou que se tratava de um jovem que recolhia estrelas-do-mar da areia para, uma por uma, jogá-las novamente ao oceano.

— Por que está fazendo isso? — perguntou o escritor.

— Você não vê? — disse o jovem. — A maré está baixa e o sol está brilhando. Elas irão secar e morrer se ficarem aqui na areia.

O escritor espantou-se.

— Meu jovem, existem milhares de quilômetros de praias por este mundo afora e centenas de milhares de estrelas-do-mar espalhadas pela praia. Que diferença faz? Você joga umas poucas de volta ao oceano. A maioria vai perecer de qualquer forma.

O jovem pegou mais uma estrela na praia, jogou de volta ao oceano e olhou para o escritor.

— Para essa aqui, eu fiz a diferença.

Naquela noite, o escritor não conseguiu escrever, nem sequer dormir. Pela manhã, voltou à praia, procurou o jovem, uniu-se a ele e, juntos, começaram a jogar estrelas-do-mar de volta ao oceano.

Cada um de nós pode, portanto, fazer um pouco para que tenhamos um mundo melhor. Se você quer, essa é sua oportunidade, indique ou até, se possível, presenteie alguém com este livro, ou faça qualquer outra ação que considere importante.

Você pode fazer a diferença!

PARTE II

O CONCERTO DE SUA VIDA

A CIVILIZAÇÃO URBANA

Aos meus 13 anos de idade, meu irmão arrumou um serviço para mim como office-boy na imobiliária Cilar, que existe até hoje, na rua Dr. Muricy, em Curitiba.

Como eu não sabia nem sequer ler as placas de endereço — lembre-se, eu tinha vindo da roça —, trabalhei menos de dois meses. Meu irmão saiu da imobiliária um dia — ele era corretor — e no outro me mandaram embora. Com razão, eu não sabia fazer nada que exigia a civilização urbana, mas sou agradecido a meu irmão, que se submeteu a indicar-me para aquele emprego.

Meu irmão José Nildo me lembrou de um episódio que ocorrera assim que chegamos à capital curitibana. Meu pai nos matriculou em uma escola pública próximo à nossa casa, então resolvemos conhecê-la antes do início das aulas.

O problema é que quando estávamos voltando para casa, não lembrávamos como era a casa em que morávamos, ficamos perdidos. A salvação foi encontrar meu pai conversando com um amigo na esquina, perto de nossa casa. Assim que nos aproximamos, ele percebeu que estávamos perdidos e nos indicou o caminho de volta para casa.

O único endereço que eu conhecia bem quando saí da imobiliária era o do 2º Cartório de Títulos e Documentos, na Av. Mal. Floriano, em Curitiba, então fui direto para lá pedir emprego.

Dirigi-me a um senhor que tinha em seu semblante um tom meio sarcástico e disse:

— O senhor não tem serviço para mim?

O senhor, em tom de brincadeira, perguntou-me:

— O que você sabe fazer?

Enchi o peito e disse:

— Sou office-boy. — Nem sabia direito o que fazia um office-boy, mas achava o nome bonito.

O senhor deu um sorriso, creio que percebendo minha inocência, e disse:

— Volte na semana que vem, vou ver o que consigo.

Eu marcava cada dia da semana e, na segunda-feira, assim que o cartório abria, lá estava eu, procurando o Dr. Valdir, quase como o primeiro da fila.

Depois de quase dois meses de visitas incansáveis, o Dr. Valdir comentou com outro senhor, magro e simpático, filho do dono do cartório, Nicanor, que disse: "Dê o emprego ao menino, vamos ver no que dá". *Aleluia*, eu havia sido contratado para trabalhar como office-boy no 2º Cartório de Títulos e Documentos.

Lembro-me com *gratidão* do Dr. Nicanor Ramos Filho e todo o pessoal do cartório, especialmente sua filha, Nair Lunardelli, que era, para mim, quase como uma genitora. Um colega, certa vez, me disse que eu era o pupilo da Nair. Eu tinha por ela grande admiração e, com certeza, ela representou um olhar pelas pessoas menos favorecidas.

Não cheguei a trabalhar nem um ano completo no cartório e lembro-me de que fiquei muito orgulhoso por ter sido registrado como auxiliar de escritório. Exibia a carteira de trabalho para minha família como se fosse a cereja do bolo.

O interessante é que, a partir daí, passei a me comportar como se realmente fosse auxiliar de escritório, pois queria muito aquele posto.

O problema é que o que eu escrevia quando atendia algum cliente, só se perguntasse para Deus o que estava escrito, porque, às vezes, nem eu conseguia decifrar. Talvez, a esta altura, você diga: "E o que estou fazendo lendo este livro?"; tenha calma, momentos melhores virão.

Certo dia, a Nair, creio que percebendo meu interesse, mostrou-me a letra da Sueli, uma escrevente com uma letra simplesmente linda, e presenteou-me com um caderno de caligrafia, recomendando que eu passasse a escrever só com letra de fôrma. Foi a salvação da lavoura, e essa herança carrego até hoje. Talvez, se eu não tivesse tido esse conselho, você jamais estaria lendo este livro.

Desde muito cedo, sempre tive espírito empreendedor e talvez até muito ambicioso pelo meu tamanho. Fato é que me sentia extremamente valorizado no cartório. Um guri, com pouco mais de 14 anos, que recebia muita confiança e responsabilidade. Mas, desde muito cedo, sempre tive espírito empreendedor e talvez até muito ambicioso pelo meu tamanho.

A PRIMEIRA VIAGEM DE TÁXI

Certo dia, o Sr. Nicanor deu-me uma missão de buscar uma encomenda em uma transportadora e levá-la até sua casa.

Foi a primeira vez que entrei em um táxi na vida. Minha maior surpresa é que o táxi me pegou no cartório, e, pelo que percebi, o motorista sabia mais da família Lunardelli do que eu. Chegamos à transportadora, carregamos o táxi com diversas caixas de manga e outras frutas das quais não me lembro.

O cheiro das mangas era delicioso, então o motorista forçou uma daquelas caixas e pegou duas ou três mangas. Imediatamente, reprovei a atitude, dizendo:

— Essas mangas não são minhas, senhor.

Ele disse:

— Eu sei!

— Então o senhor vai me complicar!

— Não! Fique calmo, menino, está tudo certo.

A ocasião não faz o ladrão,
simplesmente revela quem ele realmente é.

Até hoje, não sei o que passou pela cabeça de quem recebeu aquela caixa de manga, mas confesso que meu desejo era poder contar o que havia ocorrido, porém me lembrava de meu pai, que, apesar de analfabeto, deixou-nos sábios conselhos: primeiro, nunca nos apropriar do que não nos pertencia. Segundo, dizia ele: "Cuidado, meu filho, nem tudo que a gente vê, a gente pode falar, boca fechada não entra mosquitos". Então o negócio era ficar calado, aquele taxista parecia ter bem mais créditos com a família Lunardelli do que eu. Agora, posso falar, o crime já prescreveu.

> *Sou muito grato às adversidades que apareceram na minha vida, pois elas me ensinaram a tolerância, a simpatia, o autocontrole, a perseverança e outras qualidades que, sem essas adversidades, eu jamais conheceria.*
>
> Napoleon Hill

GRATIDÃO PELA PRIMEIRA FESTA DE ANIVERSÁRIO

Um fato que marcou minha adolescência, posso dizer que foi um divisor de águas em minha vida, foi meu aniversário de 14 anos.

Nunca tinha tido festa de aniversário antes, na realidade, não sentia isso como uma necessidade. Certo dia, ao chegar do banco Bamerindus, carregado de muitas pastas, em um malote que, para mim, era muito pesado, fui surpreendido quando entrei na sala do fundo do cartório. Lá, estavam reunidos os funcionários e até os patrões, batendo palmas e cantando "Parabéns pra você". Durante a canção, eu imaginava: "Deve ser o aniversário de alguém muito importante, provavelmente o Dr. Nicanor, dono do cartório ou Nicanor Filho, ou a Nair Filha".

Durante o canto, percebia alguns olhares diferentes, mas, como eu nem lembrava que era meu aniversário e estava tão convencido de que só gente importante recebia surpresa de aniversário, jamais poderia imaginar ser alvo de tão honrosa distinção.

Na realidade, a surpresa foi em dose dupla e a resposta, em coro. Eu estava tão inocente, cantando "Parabéns pra você"... Virei para a pessoa que estava próximo e aplaudindo e perguntei, em tom baixo, tentando ser discreto:

— Quem está fazendo aniversário?

Todos, em coro e gargalhadas, responderam:

— *Você*!

Foi realmente um choque. Jamais esquecerei esse gesto. Até hoje fico emocionado quando me lembro daquele inesquecível e memorável dia. Não há palavras que expressem minha gratidão.

Depois de passar por essa emoção, perguntei à Sueli, uma colega de trabalho, de forma bem discreta, quem havia feito aquela festa... Ela apontou para a mesa da Nair e disse:

— Sua mãezona aí.

Depois de mais de trinta anos, consegui agradecê-la pessoalmente, senti-me uma pessoa realizada.

Para mim, aquele foi o gesto mais nobre, significativo e de demonstração de carinho que recebi em toda a vida.

Por essa razão, resolvi retribuí-la participando de um evento promovido pela Igreja Assembleia de Deus, em Maputo, Moçambique, África, comemorando com uma grande festa o aniversário de mais de cinquenta pessoas que nunca tiveram festas de aniversários antes e o meu 51º aniversário. Inclusive, muitas dessas pessoas não sabiam suas datas de nascimento. Relembrei, com carinho, a minha primeira festa de aniversário e as pessoas que a promoveram e plantaram em meu coração o forte desejo de ajudar muitas outras pessoas a comemorarem seus aniversários, graças a essa maravilhosa semente que um dia fora plantada em minha vida.

Minha gratidão ao pessoal que, na época, eram meus colegas de serviço, que promoveram aquela minha primeira festa de aniversário, em especial à Nair Lunardelli.

Fazer aniversário é olhar para trás com gratidão e para frente com fé!

Rosaura Gomes

GRATIDÃO POR ME ACEITAREM MESMO QUANDO ERREI

Eu sempre levava alguns documentos no escritório do Dr. Marcos Malucelli. Em um desses dias, o Henry, que era o office-boy do Dr. Marcos e que se tornou um bom amigo meu, disse-me que era muito bom trabalhar ali e que ele estaria saindo no mês seguinte.

Levou-me à biblioteca e disse:

— Aqui é minha sala.

Talvez, daí, tenha vindo a paixão pelos livros, fiquei entusiasmado com o que vira. Era minha oportunidade, mas, como dizer isso aos meus patrões, já que eu os tinha em alta consideração?

Decidi que não falaria nada, precisava apenas informar meu desejo de deixar de ser funcionário do cartório.

Fui, então, ao Sr. Rômulo. Ele era o tipo de chefe carismático, até hoje não sei bem qual era sua real autoridade no cartório, mas me senti confortável para fazer o meu aviso, solicitando meu desligamento do quadro de funcionários.

A essa altura, já tinha dado minha palavra ao Dr. Marcos de que queria a vaga do Henry.

As coisas não eram tão simples assim. O Sr. Nicanor me chamou e disse-me:

— Por que você quer sair do cartório? — Eu não tinha resposta, então ele rasgou o aviso e disse: — Vou lhe dar um aumento.

O problema é que eu tinha dado minha palavra ao Dr. Marcos e não queria abrir mão daquele emprego, por imaginar que trabalharia muito menos e teria uma biblioteca cheia de livros para matar minhas curiosidades.

Então, depois que vi minha estratégia ir por água abaixo, lembrei que meu pai tinha um pequeno armazém e, imediatamente, disse que iria trabalhar com meu pai.

— Ah, esse é um bom motivo — ponderou o Sr. Nicanor.

No outro dia, fui falar com o Dr. Marcos. A secretária da época era a Janete Meger, pediu que eu entrasse. Antes mesmo que eu me sentasse, ele, sorrindo, disse:

— Disseram que você é um ótimo funcionário, mas é muito mentiroso, você disse que iria trabalhar com seu pai.

Imagine o que passou em minha cabeça! "Agora complicou, perdi o emprego no cartório e com o Dr. Marcos", e do pequeno comércio do meu pai, que nós chamávamos de "Venda". Meu pai e um de meus irmãos mais velhos tomavam conta e eu nem queria saber de ficar atrás daquele balcão velho, percebia que ali não teria bom futuro; o que eu queria era algo melhor.

Apesar da verdade do incidente, o Dr. Marcos ponderou os fatos e aceitou meu argumento e pedido de misericórdia e deu-me o emprego.

Hoje, entendo que aquela "mentira" trazia em si uma verdade indescritível. De alguma forma, o Dr. Marcos foi como um pai para mim, em especial no tratamento com as pessoas. Penso que, se não tivesse tido essa oportunidade, você jamais estaria lendo este livro. Por isso, sou eternamente agradecido.

Quando chegou o tempo de servir ao Exército, disse ao Dr. Marcos que eu queria fazer carreira no Exército como músico.

Ele tinha um cliente que se chamava Sargento Rabelo. Talvez tenha sido essa a primeira vez que usei o QI — "Quem Indique" —, pois, quando me apresentei para a seleção, constava em minha QM — Qualificação Militar — músico.

Trabalhei até ir para o Exército e mantemos um excelente relacionamento de amizade até hoje.

Assim que fui promovido a 3º Sargento, fui transferido de Curitiba para Santa Maria, RS. Dois ou três anos depois, voltei a Curitiba, visitei o Dr. Marcos, depois fui ao cartório e falei com o Dr. Nicanor. Fiz questão de ir fardado, então senti a consciência mais tranquila ao externar minha grande gratidão pela influência que tiveram em minha vida.

Outro ponto a observar é que precisamos ter humildade para assumir quando erramos. Só podemos ser bem-sucedidos em qualquer coisa na vida se estivermos dispostos a corrigir a rota por diversas vezes.

Cada erro traz em si algum aprendizado. Vale a pena não deixar nenhuma lição para a próxima aula, até porque não sabemos se teremos.

Há pessoas que acreditam que ser humilde é vestir-se mal, dar uma de coitado, dependente, demonstrar ser menos... Na realidade, isso me parece muito mais com humilhado do que com humildade.

Ser humilde é saber que não somos menos do que ninguém, mas que também não somos mais.

O CONCERTO DA SUA VIDA!

Desejando encorajar o progresso de seu jovem filho na música, sua mãe o levou a um concerto de piano.

Depois de sentarem, a mãe viu uma amiga na plateia e foi até ela para cumprimentá-la.

O pequeno menino se levantou do lugar em que estava e sua curiosidade o levou a uma porta em que estava escrito "PROIBIDA A ENTRADA".

O concerto estava prestes a começar. A mãe retornou ao seu lugar e descobriu que seu filho não estava lá.

De repente, as cortinas se abriram e as luzes caíram sobre um lindo piano no centro do palco, e lá estava o menino sentado ao teclado inocentemente catando as notas de "uma música infantil".

Naquele momento, o grande pianista fez sua entrada, rapidamente foi ao piano e sussurrou ao ouvido do menino:

— Não pare, continue tocando.

Então, o pianista estendeu sua mão esquerda e começou a tocar. Depois, colocou a mão direita ao redor do menino e acrescentou um belo acompanhamento.

Juntos, o velho mestre e o jovem garoto transformaram uma situação embaraçosa em uma experiência maravilhosa e criativa.

É assim que as coisas são com Deus.

O que podemos conseguir por conta própria mal vale mencionar.

Fazemos o melhor possível, mas os resultados não são exatamente como gostaríamos.

Porém, com as mãos de Deus, as obras de nossas mãos verdadeiramente podem ser maravilhosas.

Quando for realizar alguma coisa, ouça atentamente.

Você pode ouvir a voz do Mestre sussurrando em seu ouvido, dizendo: "Não pare, continue tocando!".

E sinta os braços amorosos do Senhor ao seu redor, tocando o concerto da sua vida.

Fonte: Sistema Iensen de Comunicação

PARTE III

O FILÓSOFO E O CANOEIRO

GRATIDÃO AOS AMIGOS DO PASSADO

Voltei a Curitiba há pouco tempo e fui visitar um amigo, Netto. Ele talvez seja citado em outras partes deste livro, porque ele teve realmente um papel importante em minha vida e me ajudou muito em momentos em que eu me sentia como uma carta fora do baralho. Eu era um menino pobre, morava em um bairro na periferia da cidade de Curitiba, vendia laranja em um caminhão aos fins de semana e sonhava em tocar bateria. Fui acolhido por um menino rico, com um quarto só dele e uma bateria no centro do quarto. A casa, uma mansão em um bairro nobre da cidade. Sua mãe, uma pessoa muito amável, que recebia os amigos do filho com muito carinho; um irmão importante e gente fina, uma irmã muito educada e meiga.

Logo, eu já não era conhecido no bairro como Gervásio, mas como o amigo do Netto. É um amigo que merece, não uma menção honrosa, mas um livro inteiro. Uma pessoa franca, sincera e, acima de tudo, um amigo que enriqueceu meus sonhos sem discriminar minha posição social, permitindo, logicamente com aquiescência de sua mãe, que um garoto pobre da periferia frequentasse sua casa, o que considero um referencial de humildade, solidariedade e amizade.

Em breve, alguém achara que eu tinha ficado metido; outros disseram: "Quem diria, ninguém dava nada por você".

Tornou-se meu mestre, acreditou no meu sonho sem jamais pedir nada em troca e deu-me a honra de substituí-lo no conjunto musical "Canção e Paz", no qual ele foi o baterista, mesmo sabendo que eu estaria muito aquém de atender à expectativa.

Um amigo para ser guardado dentro do peito. Ter um amigo assim é mais do que um presente, um troféu.

Agora, como músico do conjunto "Canção e Paz", minha imaginação tomou asas depois que passei a viajar para muitos lugares, sempre na companhia de gente boa e influente.

O AMIGO

— MEU AMIGO NÃO VOLTOU DO CAMPO DE BATALHA, SENHOR. SOLICITO permissão para ir buscá-lo — disse um soldado ao seu tenente.

— Permissão negada — replicou o oficial. — Não quero que arrisque a vida por um homem que, provavelmente, deve estar morto.

O soldado, ignorando a proibição, saiu e, uma hora mais tarde, regressou, mortalmente ferido, transportando o cadáver de seu amigo.

O oficial estava furioso e disse:

— Já tinha dito que ele estava morto!!! Agora eu perdi dois homens! Diga-me, soldado: valeu a pena trazer um cadáver?

E o soldado respondeu:

— Claro que sim, senhor! Quando o encontrei, ele ainda estava vivo e pôde me dizer: "Tinha certeza de que você viria!".

*Amigo é aquele que chega
quando todo mundo já se foi.*

Sou privilegiado por ter muitos amigos, aos quais dedico toda esta obra.

GRATIDÃO AOS PATRÕES

Trabalhando com o Dr. Marcos Malucelli, um advogado renomado e muito gente fina, um esportista comprometido, pelo qual tenho grande respeito e consideração, presidente do clube Atlético Paranaense no período de 2009 a 2011. Na realidade, faltam-me palavras para externar minha admiração, mas muita gente boa fala dele e de seus feitos bem melhor do que eu.

Nos finais de ano, o Dr. Marcos comemorava o fechamento do ano em sua própria casa, e lá estavam, além dos sócios Dr. Guilherme e Dr. Camargo, os funcionários, que sempre eram tratados como amigos.

Nunca me esqueço dos momentos agradáveis brincando com seus filhos Edu e Mariana e da forma amável como a Dra. Deise nos recebia.

Alguns anos se passaram e me tornei mais próximo de muitas outras pessoas influentes até porque foi a fórmula que encontrei para visualizar meu futuro, observar as pessoas de sucesso e imitá-las.

Nunca fui muito aplicado aos estudos, era o típico aluno que "estando na média estava bom". É comum alguém assim dizer que os alunos das carteiras de trás acabam sempre por dar emprego aos da frente, não creio que sirva como regra, mas às vezes até acredito, talvez sirva de consolo para os menos aplicados.

As dificuldades que enfrentei quando era criança me fizeram ter garra e vontade suficiente para lutar sempre a fim de ter sucesso, perseguir os meus objetivos e nunca desistir diante das adversidades.

Na infância, meus primeiros anos na escola da roça foram tempos de grandes conquistas, sendo sempre um dos primeiros em notas. Sentia-me orgulhoso dos 100% ou muito próximo desta nota nos meus primeiros quatro anos na escola.

Ao mudar para a cidade de Curitiba, a primeira aula que tive em uma fatídica segunda-feira foi de inglês. Eu nunca tinha visto isso antes, chegava a achar engraçada a fala do professor. Acabei reprovando na 5ª série por causa do inglês.

Fui, então, fazer um curso de datilografia. Àquela altura, a vida de datilógrafo no cartório já seria de bom tamanho. Parecia ser uma boa opção de carreira para mim. Mas, ao olhar para a vida do datilógrafo do cartório... O cara era o máximo, quase não se via seus dedos no teclado, e o que ele recebia de salário… Pensei: "Não é isso que quero para mim. Com esse salário, jamais terei uma casa decente, filhos que possam fazer faculdade, um carro novo para andar. Literalmente, não é isso que quero".

Você já sabe até onde eu estaria hoje como datilógrafo.

Mesmo tendo concluído um difícil curso de datilografia, fiquei desmotivado ao perceber o que conseguiria como datilógrafo.

Há quem acredite que o sol nasceu para todos e a sombra só para alguns. Para quem acredita nisso, pode até ser verdade, mas outra verdade inegável é que:

Quem só vive na sombra, jamais desfrutará os benefícios do sol e sua luz jamais brilhará, estará sempre lendo as histórias dos outros em vez de escrever a sua.

Creio que quem vive na sombra de outras pessoas é porque ainda não percebeu sua real posição na vida e o quanto é importante ter brilho próprio.

Resolvi, então, que precisaria vencer como músico. Dediquei boa parte de meu tempo para estudar música, optando por fazer carreira no Exército.

Quando era soldado, trabalhei um tempo no S/3 - 3ª Seção e, incentivado pelo meu chefe direto, o capitão Aziz, encontrei forças para estudar, dedicando-me ao máximo para atingir meu objetivo de passar em um concurso para sargento do Exército.

Desde muito cedo aprendi que, em diversos momentos da vida, o melhor que temos a fazer é transformar os problemas que enfrentamos em motivação para que sirvam de combustível para continuarmos acelerando nas subidas, para depois relaxarmos nas retas e descidas.

Fiz cursinho aos fins de semana e vivia com um *walkman* — mp3 de hoje —, ouvindo aulas o tempo todo.

O primeiro concurso que fiz na vida foi para 3º Sargento do Exército e no cursinho que fiz sempre me apliquei ao máximo, pois sabia que tinha de levar as coisas muito a sério, porque não podia contar com o QI — "Quem Indique" — que muitos colegas tinham.

Fui o 7º colocado de quinze vagas disponibilizadas pelo Exército.

Ao final do curso, fui promovido a 3º Sargento e transferido para a cidade de Santa Maria no Rio Grande do Sul.

TRANSFORMANDO O LIMÃO EM LIMONADA

Dois episódios serviram de motivação para que eu fizesse o concurso para 3º sargento, apesar de acreditar estar longe de minha realidade passar em um concurso tão concorrido. Seriam quinze vagas, distribuídas em toda a região Sul do país, isto é, Paraná, Santa Catarina e Rio Grande do Sul.

O primeiro episódio foi uma bendita punição, que, sinceramente, não tinha nem pé nem cabeça.

Nem sempre o que nos faz mal no presente será um mal no futuro.

Eu era soldado recruta e fiquei detido por um fim de semana no quartel por um tenente inconsequente que disse que eu tinha faltado a uma faxina durante a semana. Vou explicar: eu estava com uma íngua e o abençoado do médico do batalhão, um aspirante, inexperiente, "bizonho", me dispensou da faxina, mas não comunicou a companhia. Resumo: ficou o dito pelo não dito e sobrou para mim. Fui punido. Tal punição fez com que eu me revoltasse a ponto de resolver estudar dia, noite e fins de semana para fazer uma carreira no Exército, do tipo "dar a volta por cima".

Se você tem um limão, faça uma limonada e refresque-se.

Outro episódio foi o desafio de um cabo antigão que disse que eu jamais passaria naquele concurso, pois ele já estava tentando há cinco ou seis anos consecutivos e não tinha passado. Disse-me que era muito concorrido; nisso ele tinha razão, o que ele não sabia era o quanto eu queria mudar a minha vida, e a carreira militar era a essa grande oportunidade.

Outro episódio que marcou minha passagem pelo Exército foi a "amizade", diria mais do que amizade, o profundo senso de justiça demonstrado pelo Major Tiaraju.

Eu, 3º sargento, recém-promovido, queria fazer tudo que aparecia, mesmo fora de minhas funções. Era responsável pela fanfarra do batalhão, responsável pela instrução de hinos e canções militares. Mas também era atleta, comandava a equipe de plantação de leiva (grama) no batalhão, tirava todas as escalas de serviço do batalhão, trabalhei na 3ª Seção, presidi a UMCEB — União de Militares Cristãos Evangélicos do Brasil —, núcleo de Santa Maria, RS, e cheguei até a ser escalado como escrivão.

Sempre entendi que, se eu estava ali, era para trabalhar, então por que não empenhar o máximo para fazer jus ao salário e todos os benefícios que recebia no final do mês?

Se quisermos uma empresa ou qualquer instituição melhor do que quando chegamos nela, precisamos ter uma atitude que reflita nosso desejo.

Precisamos estar dispostos a caminhar o quilômetro extra, procurando fazer nem que seja um pouco a mais do que apenas esperar que as coisas melhorem por conta própria. Todos nós podemos ser agentes de transformações e melhorias do ambiente que vivemos.

Fato é que minha atitude um pouco altruísta não combinava com a vida na caserna. Tive várias dificuldades de relacionamento com superiores, que, muitas vezes, davam-me ordens que eu considerava absurdas e que, consequentemente, me recusava a obedecer.

Certa vez, um capitão, para arrecadar dinheiro para seu time de futebol que formou no quartel, montou uma rifa e determinou que o cabo de sua seção oferecesse para todos os sargentos.

Segundo as palavras do cabo, quem não comprasse deveria falar com o capitão.

Sinceramente, achei aquilo o cúmulo. Decidi que não compraria e dei uma ordem expressa ao cabo, dizendo que ele deveria dizer ao capitão.

Para minha surpresa, fui chamado para dar explicações ao capitão. Tentei minimizar, dizendo que não tinha dinheiro.

— Não tem problema, é para o pagamento — disse o capitão.

A essa altura do campeonato, eu já estava cuspindo fogo, então fui às últimas consequências. Disse ao capitão que não comprava rifa, que fiz um concurso para estar ali, não era empregado de nenhum oficial e que mandava no meu dinheiro e sabia muito bem o que fazer com ele.

Pois bem, fiquei apenas aguardando com o RDE — Regulamento Disciplinar do Exército — na mão, porque sabia que precisaria dar muita explicação e que, provavelmente, seria punido por desacato a superior.

Na oportunidade, o Major Tiaraju estava como subcomandante do batalhão. Chamou-me, apresentou uma parte (pedido de punição) e perguntou-me se eu queria pedir desculpas.

Minha consciência não me deixava enganar, tinha feito a coisa certa, apesar de parecer inconsequente.

Respondi que não, expus minha versão dos fatos e resolvi ali que o Exército não era meu lugar.

O poder é uma arma perigosa quando nas mãos de pessoas arrogantes e prepotentes.

Com certeza, se não tivesse tido pessoas como o Major Tiaraju em minha trajetória na carreira militar, eu jamais teria terminado minha carreira no Exército classificado com comportamento ótimo.

Sou eternamente agradecido e sei que ele fez e fará diferença na vida de muitas pessoas durante esta caminhada da vida.

Percebi que teria que mudar minha perspectiva, olhar por outra janela e recomeçar.

A JANELA

Uma menina debruçada na janela de sua casa chorava pela morte de seu animal de estimação.

Com muita tristeza, observava o jardineiro enterrar o amigo de tantas brincadeiras.

O avô, que a observava, aproximou-se, deu-lhe um abraço e chamou-lhe a atenção para outra realidade.

Pegou sua mão e a conduziu para outra janela.

Abriu as cortinas, mostrou-lhe um jardim florido e disse:

— Está vendo aquele pé de rosas amarelas bem ali à frente? Lembra que você ajudou a plantá-lo? Era apenas um pequeno galho cheio de espinhos e, hoje, veja como está lindo.

A menina enxugou as lágrimas que ainda corriam e abriu um largo sorriso, mostrando as abelhas que pousavam sobre as flores e as borboletas que faziam festa entre as rosas que enfeitavam o jardim.

O avô, satisfeito pôr tê-la ajudado a superar aquele momento difícil, disse:

— A vida nos oferece sempre várias janelas. Quando a paisagem de uma delas nos causa tristeza sem que possamos alterar o quadro, voltamo-nos para outra e, certamente, deparamos com uma paisagem diferente.

Se, hoje, você está observando um quadro desolador, lembre-se de que existem tantas outras janelas, com paisagens repletas de promessas de melhores dias! Não veja somente a janela da dor.

Siga em frente, com ânimo e disposição.

Agindo assim, o gosto amargo do sofrimento logo cede lugar ao sabor agradável de viver e saber que Deus nos ampara em todos os momentos da nossa vida!

GRATIDÃO MESMO QUANDO NÃO VENCEMOS

AINDA QUANDO CRIANÇA, AOS MEUS 6 OU 7 ANOS, APROximadamente, ganhei meu primeiro carrinho de verdade, um caminhãozinho de caçamba de plástico. Isso aconteceu em uma competição de corrida de rua. Não tenho lembrança em que lugar cheguei, mas foi o suficiente para levar aquele prêmio. Talvez isso tenha contribuído para que eu acreditasse que poderia ser um atleta de ponta.

No exército, cumprindo o serviço militar obrigatório, como sempre tive um espírito competitivo, logo me habilitei a participar como atleta na corrida do facho, ou de bastão.

Minha primeira competição oficial pelo Exército foi uma corrida em pista aberta, em frente ao palácio do governador e Tribunal de Justiça do Paraná, com milhares de expectadores e muitas equipes participando, nas comemorações da semana da pátria no ano de 1982.

Fui o último a assumir a responsabilidade de levar a nossa equipe ao pódio naquela competição.

Peguei o bastão já em desvantagem do próximo atleta e, mesmo tendo me esforçado bastante, não consegui ultrapassá-lo.

Porém, apesar de ver a vitória escorrer pelo meio dos dedos, ouvi um grito entre aquela multidão de torcedores. "Vai, Gervásio, você consegue." Era o cabo Silvanei, como que me empurrando para o pódio.

Não consegui vencer aquela competição, mas, quando me entregaram uma foto daquela corrida, lá estava o cabo Silvanei, com os punhos cerrados e gritando, como um torcedor fanático e determinado.

O então cabo Silvanei é, hoje, 1º Tenente do Exército e atua como oficial na área de Educação Física. Um campeão.

Aprendi que, mesmo quando não vencemos, precisamos ser gratos às pessoas que acreditaram em nós e nos incentivaram.

Outro episódio que me marcou foi quando escrevi uma música para participar de um festival de música popular, a convite do conservatório de música Santa Cecília, de Santa Maria, RS. Eu era militar e, nas horas vagas, atuava como professor de bateria e percussão. Era um hobby para mim.

A participação naquele festival seria dos professores de canto, piano, violão, violino e eu tocaria bateria.

O problema é que a maioria dos professores participava de eventos — casamentos, formaturas etc. Na data do festival, surgiu um casamento de uma pessoa influente e rica que pagaria muito bem pelo serviço do pessoal do conservatório. Fiquei, então, com a responsabilidade de improvisar um instrumental e fazer a apresentação.

Foi o que fiz, e, para nossa surpresa, acabamos ficando em terceiro lugar naquele festival.

O prêmio era algo irrisório, mas a lembrança de ouvir centenas de pessoas cantando em coro nossa música "Amigo, vou lembrar de você" foi algo indescritível.

A FESTA EM MINHA HOMENAGEM PARA A QUAL NÃO FUI CONVIDADO

QUANDO TERMINEI O CURSO DE SARGENTO, O CORONEL-COMANDANTE marcou uma confraternização para minha despedida, mas, como eu estava dispensado do expediente, por estar em trânsito, não fui avisado. Até hoje, não sei como o Coronel Justo se sentiu, mas confesso que fiquei muito chateado. Creio que seria uma surpresa, mas o tenente-comandante da minha companhia não conseguiu falar comigo ou não fez questão, também não sei por quê. Certo é que apareci por um acaso no quartel para pegar alguns documentos momentos depois do final da festa de minha despedida. Espero, um dia, poder me retratar e agradecer pessoalmente ao Coronel Justo, na época, comandante do 4º Batalhão Logístico em Curitiba.

Fui classificado — transferido — para a cidade de Santa Maria, RS.

Aos 20 anos de idade, era 3º sargento. Logo, me senti alguém bem empregado, era tudo que eu queria na vida: 3º sargento, concursado, carreira garantida. Porém, após oito anos de carreira militar, encontrava-me insatisfeito com abusos de poder, discriminação religiosa e promoções com progressão muito limitadas.

Mesmo sendo jovem e bem pago, em comparação aos salários anteriores, sabia que não iria acrescentar muita coisa ao que já havia conquistado aos 20 anos de idade. Resolvi que teria que buscar outras conquistas, não com os estudos, mas com a iniciativa de ser empreendedor e ter meu próprio negócio.

Vejo várias pessoas sonhando com um tipo de vida e, muitas vezes, esquecendo-se de que é uma questão matemática, basta somar todas as despesas e ver o que sobra (se sobrar) para perceber que, se viverem trezentos anos, não vão conseguir o que querem se não alterarem a forma como lidam com o dinheiro.

AS PESSOAS SÃO A REFERÊNCIA

A NOSSA VIDA MUDA PELOS LIVROS QUE LEMOS E PELAS pessoas com quem convivemos. Tenho tido sorte nesse aspecto, pois tenho convivido com pessoas muito melhores do que eu. Uma dessas pessoas, em uma palestra, fez-me parar e pensar.

Disse-nos para pensarmos nos últimos dez ou quinze anos da vida. Depois que escrevêssemos o estilo de vida, deveríamos escrever os bens materiais que queríamos ter no futuro. A seguir, falou que conseguiria dizer onde cada um iria estar nos anos seguintes.

Pensei: "Está blefando, ele não tem bola de cristal, isso não funciona, é impossível que adivinhe o futuro, só Deus conhece o futuro".

Sabiamente, ele disse que não iria adivinhar o futuro, mas que, no geral, era muito simples perceber onde cada um iria estar em termos profissionais, carreira e no aspecto monetário dali a dez ou quinze anos. Fiquei curioso e abri bem os olhos e os ouvidos, devorando avidamente cada palavra que ele dizia.

Estude bem as pessoas de mais sucesso que fazem o mesmo que você há mais de dez ou quinze anos. Olhe para o estilo de vida delas, os bens materiais que elas têm, o tempo que dispõem para os filhos, as preocupações. Se essa visão lhe agradar, ótimo. O que você tem a fazer é copiar o que elas fazem, estudá-las em pormenor, tornar-se amigo delas, familiarizar-se com elas e seguir os seus passos.

Talvez você pense que isso é loucura. Que isso não funcione.

Loucura é fazer todos os dias a mesma coisa, esperando resultados diferentes. Loucura é querer ter resultados diferentes e rodearmo-nos de pessoas que não têm o resultado que queremos. Ande todos os dias com um gago e é normal que, passado algum tempo, você comece a pegar alguns tiques dessa pessoa e, quando der por conta, vai estar gaguejando também.

As pessoas inteligentes aprendem com os próprios erros, as sábias aprendem com o erro dos outros.

Augusto Cury

Às vezes, achamos que a vida e as coisas são muito complicadas, mas não são. O difícil é ver as coisas na sua simplicidade, fazer uma leitura despretensiosa das situações elementares que nos ocorrem e buscar compreender e viver nossa realidade, olhando para frente, mas uma vez ou outra dando uma olhadela no retrovisor. As pessoas ao nosso redor servem sempre como parâmetro de onde devemos colocar nossas metas, sejam elas pessoais ou financeiras.

O FILÓSOFO E O CANOEIRO

Conta-se a história de um filósofo que nasceu em uma ilha e, depois de muito tempo, voltou para visitar sua família, que continuava morando na ilha. Ao atravessar um largo rio em uma canoa, reconheceu que o canoeiro era seu amigo do tempo de escola que assumira o posto de canoeiro no lugar de seu pai, que já tinha morrido. Depois de um instante de silêncio, identificou-se e, com ar de desprezo, perguntou ao canoeiro se ele entendia de astronomia.

— Não, senhor! — respondeu o canoeiro. — Nunca ouvi falar disso por aqui.

O sábio filósofo replicou:

— Sinto muito que tenha desperdiçado a quarta parte de sua vida. Você sabe alguma coisa de matemática?

O pobre moço sorriu, meneou a cabeça e lhe respondeu:

— Não!

Então, o sábio tornou a dizer:

— Lamentavelmente, você perdeu outra quarta parte de sua vida, meu amigo.

Logo em seguida, perguntou pela terceira vez:

— Sabe algo sobre geologia?

— Não, nunca fui à escola — replicou o canoeiro.

— Bem, amigo, quase toda a sua vida foi mal-empregada.

No mesmo momento em que se dava a conversa, a canoa bateu em uma pedra e, enquanto o canoeiro tirava a jaqueta para nadar até a margem do rio, perguntou ao amigo filósofo:

— Você aprendeu a nadar?

— Não — respondeu o sábio filósofo.

— Sinto muito, mas o senhor desperdiçou toda a sua vida com os estudos das teorias e do conhecimento, que agora são inúteis, porque a canoa afundará em poucos minutos. Você só precisava saber nadar e teria aproveitado toda a sua vida.

Jamais devemos agir como esse "sábio". Todas as pessoas têm sua inteligência, cada uma com sua forma diferente e relativa a suas necessidades.

Existem pessoas analfabetas ou de pouquíssima instrução, que fazem isso com naturalidade.

Existem pilotos competentes que operam, com precisão, dezenas de botões para colocar o avião no ar e se perdem quando têm que passar uma calça para vestir.

Há professores brilhantes que ensinam matérias complexas e se perdem com as tecnologias dos novos celulares, como faz a garotada de hoje.

Graças ao intercâmbio dos conhecimentos, por meio da vida em sociedade, temos sempre o que aprender com alguém e também o que transmitir de nossas experiências a outros.

Quem se considera mais do que a outra pessoa estará desperdiçando uma parte significativa de sua vida e a oportunidade de aprender, ensinar e ser mais feliz.

A CORRENTE DO BEM

Fui convidado a participar de um evento muito especial em Maputo, Moçambique. Era denominado "domingo nunca visto", no qual seria feita a comemoração do aniversário de mais de cinquenta pessoas que nunca tinham comemorado aniversários anteriormente e o meu 51º.

Uma senhora, muito idosa, daquele grupo que também estava, pela primeira vez, comemorando seu aniversário foi até mim e me entregou três moedas de presente. Confesso que fiquei bastante constrangido, mas pude sentir em seu olhar uma demonstração de gratidão. Então, recebi as moedas e as guardei.

Quando estava no avião, retornando para São Paulo, fui tocado com grande emoção ao relembrar os presentes que recebera, em especial as moedas, e resolvi dar uma olhada melhor. Uma moeda de um metical, uma de dois meticais e uma de cinco meticais.

A moeda de cinco meticais tem o símbolo de um instrumento musical típico de Moçambique, a timbila.

A timbila é um instrumento musical tradicional moçambicano da família dos xilofones, utilizado, originariamente, pelo povo chope, em Zavala, na província de Inhambane (sul de Moçambique). As primeiras referências à timbila aparecem em escritos portugueses do século XVI, no entanto, considera-se que a existência de tais instrumentos, na costa sudeste da África, tenha, provavelmente, surgido em resultado dos contatos estabelecidos durante o século X com a atual Indonésia, onde também se encontra esse tipo de instrumento.

A timbila (plural de mbila — 1 lâmina de madeira) apresenta a sua particularidade nas massalas (ou "maçalas"), isto é, cabaças de vários tamanhos que funcionam como caixas de ressonância e que se encontram por baixo de cada lâmina de madeira. Cada lâmina possui um pequeno orifício pelo qual o som é transmitido até a caixa de ressonância (cabaça). Esta se encontra fixa à lâmina por meio de uma mistura de componentes naturais, como cera de abelha, terra e intestino animal. Os materiais com que se constrói a mbila são fundamentais para lhe conferir o timbre típico. A sua construção, uma arte transmitida de pais para filhos, demora, aproximadamente, três meses e meio. A timbila é tocada com duas baquetas cuja ponta possui um anel de borracha. Para constituir uma orquestra de timbilas são necessários vários tipos de mbilas, que se diferenciam pelo número, tamanho (em comprimento e largura) e pelo tamanho das suas cabaças.

Fonte: <www.infopedia.pt/$timbila>.

Na moeda de cinco meticais, a timbila remeteu-me às pessoas que me influenciaram de forma muito significativa e nossa ligação se deu por meio da música.

Na moeda de dois meticais havia um peixe, o que me remeteu ao milagre de Jesus na multiplicação dos cinco pães e dois peixes para alimentar a multidão.

E a mulher escrevendo em um livro? A atitude de gratidão daquela humilde mulher sendo registrada jamais será esquecida, agora faz parte da minha vida e da sua, por meio deste livro.

Convidado para retornar, não pude dizer não, me dispus a retornar e ajudar a promover a festa do segundo aniversário, movido, principalmente, pela demonstração de carinho e gratidão daquelas pessoas, em especial à senhora que me presenteou com três moedas, que na data da escrita deste livro eram o equivalente a 65 centavos do nosso dinheiro, mas sua atitude de gratidão com certeza fará muita diferença em minha vida e na de outras pessoas daquele lugar.

No final desta vida, sua maior riqueza não é quanto de dinheiro você tem aplicado na bolsa de valores, mas o quanto de valores você terá aplicado em outras pessoas.

PARTE IV

A LOJA DE DEUS

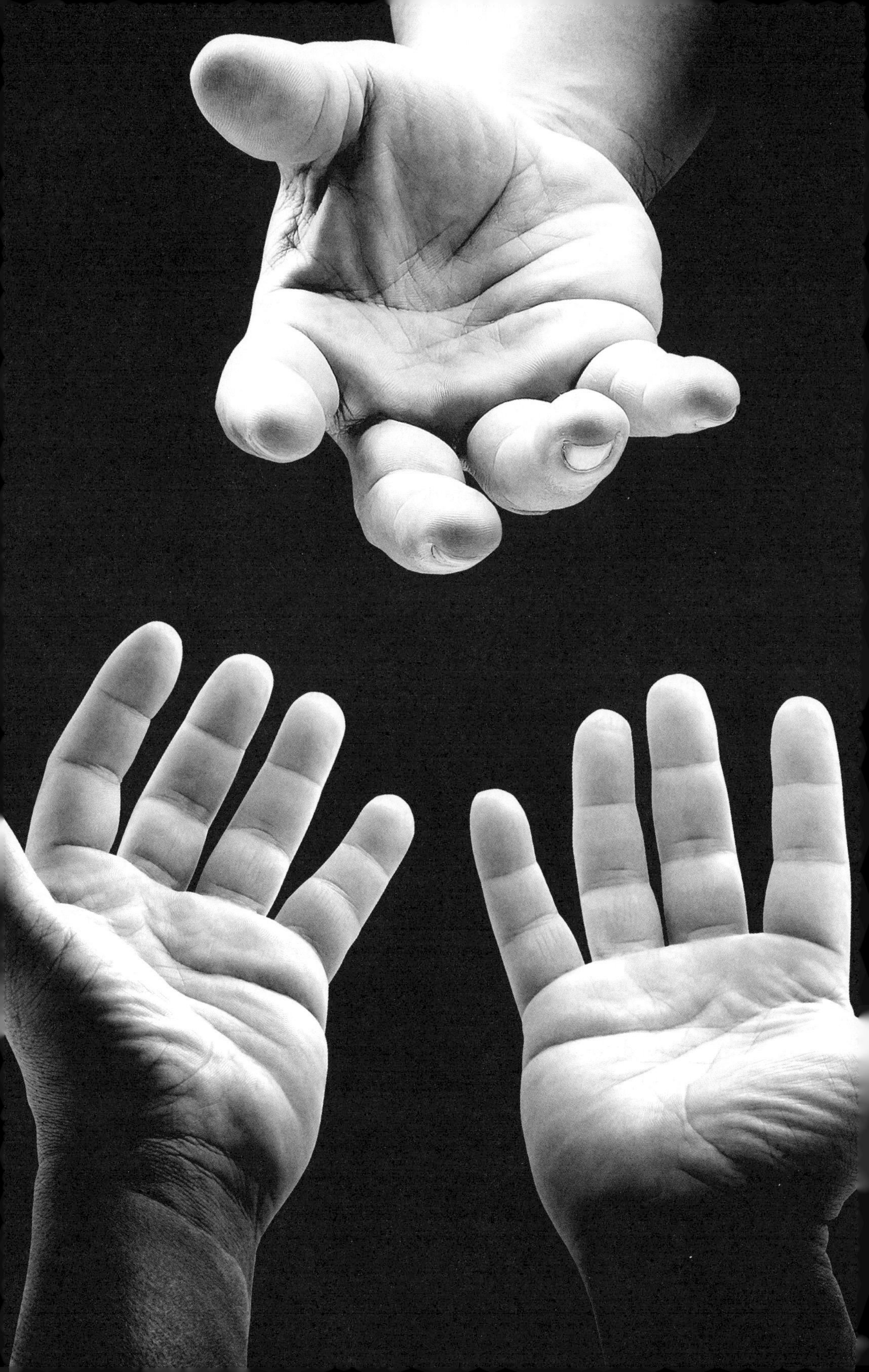

PAGO COM UM COPO DE LEITE!

Um dia, um rapaz pobre que vendia mercadorias de porta em porta para pagar seus estudos estava com fome, mas viu que só lhe restava uma simples moeda de dez centavos.

Decidiu que pediria comida na próxima casa.

Porém, quando uma jovem lhe abriu a porta, em vez de comida, pediu um copo de água.

Como o jovem parecia faminto, ela lhe deu um grande copo de leite.

Ele bebeu devagar e depois lhe perguntou:

— Quanto lhe devo?

— Não me deve nada — respondeu ela.

Então, ele disse:

— Pois eu lhe agradeço de todo o coração.

Quando o rapaz, que se chamava Howard Kelly, saiu daquela casa, não só se sentiu mais forte fisicamente, como sua fé em Deus se fortaleceu.

Ele já estava decidido a se render e deixar tudo.

O tempo passou e, anos depois, aquela jovem mulher ficou doente de uma enfermidade rara.

Os médicos da sua cidade não conseguiram ajudá-la e, por isso, ela teve que ir a um hospital na cidade grande, onde chamaram um especialista para examiná-la.

Chamaram, então, o Dr. Howard Kelly.

Quando o médico soube o nome da cidade de onde a paciente viera, uma luz encheu seus olhos. Imediatamente, foi ver a paciente e reconheceu-a.

Passou, então, a dedicar atenção especial a ela.

Depois de uma demorada luta pela vida daquela mulher, ganhou a batalha.

Dr. Kelly pediu à administração do hospital que lhe enviasse a fatura total de gastos que ela teve, escreveu algo e mandou entregar no quarto da paciente.

Ela sabia que seria uma conta muito alta e que levaria muito tempo para pagar.

Ao abrir a fatura, algo lhe chamou a atenção, pois estava escrito:

"Totalmente pago há muitos anos com um copo de leite.

Ass.: Dr. Howard Kelly"

Lágrimas de alegria correram dos olhos daquela mulher e seu coração feliz orou assim:

— Te agradeço, meu Deus, porque o Teu amor é manifesto na vida daquele que faz o bem ao próximo.

Na vida dos filhos de Deus,
nada acontece por acaso.

O que você faz hoje, fará a diferença
em sua vida amanhã.

GRATIDÃO À FAMÍLIA

Sou agradecido a Deus não só por ter me dado uma esposa e filhos maravilhosos, mas por ter me dado a capacidade de perceber e agradecer por isso.

QUANDO OLHO PARA MINHAS REALIZAÇÕES, CONCLUO QUE nem de longe seria possível sem a participação da minha família.

O escritor e palestrante Gustavo Cerbasi diz em seu livro *Casais inteligentes enriquecem juntos* uma frase célebre com relação ao sucesso financeiro da família:

Quando a cabeça erra, o bolso padece.

Creio que essa é uma verdade irrefutável, por isso sou agradecido à minha querida e admirável esposa. Além de ser uma pessoa muito aplicada como esposa, mãe e profissional, é a pessoa que me deu muitas aulas de economia e, com certeza, se não tivesse uma pessoa com a atitude dela ao meu lado, você não estaria lendo este livro.

Foi graças ao seu modelo de gestão de nossa modesta renda que desenvolvi a palestra "Planejamento financeiro para a família". Ela merece não só uma menção, mas um livro exclusivo e todo o meu reconhecimento e gratidão.

Não temos segredos financeiros e usamos cartão de crédito compartilhado sem nenhum problema.

Há pais que colocam os filhos em uma redoma, injetam-lhes tudo que eles "pensam que precisam" para sua sobrevivência, criam verdadeiros consumistas contumazes, depois reclamam quando veem seus filhos com problemas financeiros.

Depois de uma palestra sobre esse assunto, uma mãe procurou-me angustiada, pedindo que ajudasse seu filho, que estava totalmente endividado. Por ter a pessoa em alta consideração, prometi que faria o que fosse possível. Prometi, então, que em alguma oportunidade visitaria aquele casal para ver como poderia ajudá-los. Procurei um espaço em minha agenda e lá fui eu.

Quando estava a caminho, lembrei que havia crianças na casa, então resolvi passar em um supermercado e comprar uma caixa de chocolates para não chegar com as mãos vazias.

Fiquei em uma verdadeira "saia justa" quando vi, em cima da mesa, chocolates Ferrero Rocher. Talvez tenha sido até algum presente, mas o fato é que estava ali na mesa, como se fosse a bolacha do café da manhã.

Nem preciso dizer o que consegui fazer naquela situação, mas, para satisfazer sua curiosidade, direi: NADA.

Nossos filhos precisam aprender também nos momentos de dificuldade, na realidade são oportunidades que temos para ensinar-lhes lições preciosas que levarão para a vida.

Meus dois filhos, Junior e Vinicius, são independentes financeiramente, graças ao cuidado que tivemos de ensiná-los a lidar com o dinheiro.

Muita gente gasta o que não tem comprando o que não precisa para mostrar para quem não quer ver, depois se queixa que ganha pouco, que a vida não é justa.

O grande problema não é propriamente o quanto ganhamos, mas o quanto gastamos.

Existem pessoas que podem ganhar uma verdadeira fortuna, se não tiver bons hábitos de consumo, mais cedo ou mais tarde será a próxima da fila que estará aumentando os rendimentos dos banqueiros, através dos juros exorbitantes cobrados pelos empréstimos do cheque especial e dos cartões de crédito.

INFLUÊNCIA NA MÚSICA E NO COMPORTAMENTO

TIVE O PRIVILÉGIO DE TOCAR ALGUMAS VEZES COM O Daniel Iensen. Ele é uma pessoa extremamente amável, um excelente músico, notável radialista, diretor da rádio Marumby, do grupo Iensen de comunicação. Mas creio que sua maior e expressiva característica seja a pessoa do Daniel Iensen. Mesmo detendo o poder da comunicação por meio da voz e a força da difusão por meio do rádio, se comportava como sendo uma pessoa comum. A verdade é que nos sentíamos mais gente perto dele.

Quando voltei para agradecê-lo pela sua amizade e pela influência que teve em minha vida, recebi infinitamente mais.

Inclusive, muitas das mensagens contidas neste livro conheci por meio da voz abençoada e marcante de Daniel Iensen, a quem devo minha eterna gratidão por tão significativa contribuição.

AGRADEÇA A DEUS

Talvez, a esta altura da leitura, você diga: "Esse teria que ser o primeiro agradecimento". Posso até concordar, mas entendo que Deus está presente em toda a nossa trajetória de vida. Ele é o "A", Alfa — primeira letra do alfabeto grego — e "Ω", Ômega — última letra do alfabeto grego —, isto é, Ele é o princípio, o meio e o fim.

Creio ser plenamente aplicável colocar esse agradecimento no centro desta modesta obra.

Assim que cheguei a São Paulo, depois de ter tentado trabalho em Lisboa, Portugal, iniciei um trabalho de venda de produtos porta a porta, em um dia exaustivo, já do meio para o final da tarde e eu ainda não tinha almoçado. Motivo: não tinha dinheiro para investir em um PF — prato feito. Passei, então, em uma padaria; pedi um doce de paçoquinha e um pão, fui ao caixa, paguei e sentei na praça que estava ali próximo. Depois de apreciar meu almoço — o pão com paçoquinha —, entrei em outro estabelecimento e pedi um copo de água.

Sabia que tinha que continuar minha caminhada e garantir minhas vendas do dia.

Assim que andei alguns passos, deparei-me com um carro, uma Brasília, e no vidro traseiro havia um adesivo com o seguinte dizer:

> *Quem é como o Senhor nosso Deus, que do pó levanta o pequeno e do monturo, o necessitado, para o fazer assentar entre os príncipes do seu povo.*
>
> Salmos 113 versos 7-8.

Tive, em alguns momentos de minha vida, esse texto cumprido.

Um deles foi em uma Bienal do Livro em São Paulo, quando tive o privilégio de passar pelo tapete vermelho e sentar ao lado de grandes escritores deste país. Mesmo tendo apenas uma modesta obra, sabia que, se estava ali, precisava reconhecer minha real posição, mas fato é que agora podia estar mais perto dessas pessoas, aprender com elas e pertencer a esse universo, que, sinceramente, acho fascinante — o dos escritores!

Alguns anos depois, fui recebido no Tribunal de Justiça pelos meritíssimos desembargadores Dr. Gamalel e depois pelo Dr. Carvílio. Fiz questão de mencionar o fato e dizer-lhes que, naquele dia, estava sendo cumprida aquela promessa em minha vida.

Você acha normal uma pessoa comum chegar a um Tribunal de Justiça e ser recebida ao descer do elevador por um desembargador de Justiça? Tenho certeza de que não é comum.

Talvez você pense que isso seja uma mera coincidência, mas não tenho a menor dúvida de que o que me trouxe até aqui foi a minha fé em Deus, e tudo o que sou devo a Ele e à Sua benevolente misericórdia.

Peço humildemente licença ao cantor pastor Vitorino Silva para usar a letra de uma de suas canções, "A Deus seja a glória", que diz: "E se um aplauso eu receber, no calvário irei me gloriar...". Sim, a Ele seja a glória, para sempre, amém.

Deus colocou muitas sementes maravilhosas em minha vida por meio de pessoas, para mim, mais que especiais.

A loja de Deus

Outro dia, entrei em uma loja e vi um anjo por trás do balcão.

Maravilhado com aquela Visão Divina, perguntei-lhe:

— Anjo do Senhor, o que vendes?

Ele respondeu-me:

— Todos os dons de Deus!

— Custam muito caro? — perguntei.

— Não, é tudo de graça. É só escolher — respondeu.

Contemplei, então, a loja, vi jarros e vidros de fé, pacotes de esperança, caixinhas de salvação e sabedoria.

Tomei coragem e pedi:

— Por favor, eu quero muito Amor de Deus, todo perdão dEle, um punhado de fé, bastante felicidade e salvação eterna para mim e para toda a minha família.

O Anjo do Senhor anotou o meu pedido, separou os itens e acondicionou tudo em um pequeno embrulho que cabia na palma de minha mão.

Surpreso, perguntei-lhe:

— Como é possível caber tudo isso aqui neste pacotinho?

O anjo do Senhor respondeu-me sorrindo:

— Na loja de Deus, não vendemos frutos, apenas sementes!

Fonte: Sistema Iensen de Comunicação

AS PESSOAS AGRADECIDAS ESTÃO PELO MENOS NOVE VEZES NA FRENTE

Quero relembrar com você o episódio de Jesus e os dez leprosos, registrado no Evangelho Segundo Lucas, no capítulo 17: 11 a 19.

"A caminho de Jerusalém, Jesus passou pela divisa entre Samaria e Galileia.

Ao entrar em um povoado, dez leprosos dirigiram-se a Ele. Ficaram a certa distância. E gritaram em alta voz:

— Jesus, Mestre, tem piedade de nós!

Ao vê-los, Ele disse:

— Vão mostrar-se aos sacerdotes.

Enquanto eles iam, foram purificados.

Um deles, quando viu que estava curado, voltou, louvando a Deus em alta voz. Prostrou-se aos pés de Jesus e lhe agradeceu. Este era samaritano.

Jesus perguntou:

— Não foram purificados todos os dez? Onde estão os outros nove? Não se achou nenhum que voltasse e desse louvor a Deus, a não ser este estrangeiro? — Então Ele lhe disse: — Levante-se e vá; a sua fé o salvou."

Os nove receberam apenas a cura, mas o que voltou para agradecer recebeu infinitamente mais.

As pessoas agradecidas estão pelo menos na frente de outras nove, o que faz uma grande diferença na vida.

QUANDO LEMOS, APRENDEMOS, QUANDO PRATICAMOS, COMPREENDEMOS

CERTA VEZ, UM PREGADOR EM UM SERMÃO FALAVA QUE RICO não ia para o céu. Ele fez referência a um texto bíblico em que Jesus falava sobre o reino dos céus, que diz que "é mais fácil um camelo passar pelo fundo de uma agulha do que um rico entrar no céu." (Evangelho Segundo Marcos, 10:25)

Na cabeça de uma criança, vendo a mãe fazendo um remendo em uma camisa naquelas máquinas de costura de pedal — coisa bem antiga, em que na ponta da agulha há um furinho muito pequeno —, a pergunta é: "Mãe, que tamanho tem um camelo?". Em uma linguagem simples, a mãe faz-se entender que era algo muito grande. Conclusão: rico não vai para o céu.

Como eu quero ir para o céu, então uma conclusão lógica é: não quero ser rico!!!

Mas o que o pregador esqueceu ou não o fez por ignorar é que, ali, Jesus estava usando uma hipérbole, uma figura de linguagem, ou que, segundo defendem alguns estudiosos, possivelmente o fundo da agulha era uma portinhola que havia na entrada principal da cidade de Jerusalém e que os viajantes, quando chegavam após o horário normal, ou seja, à noite, quando o portão principal era fechado — o que era uma prática normal na região —, teriam que descarregar os camelos e passá-los de joelho pelo portão pequeno que havia ao lado do portão principal, chamado "Fundo da agulha". O camelo ajoelhar-se também é algo comum.

O significado da mensagem é que, para entrarmos no céu, tem que ser humildemente, de joelhos e descarregados. Isso você também já sabe, caixão não tem gavetas e, se tivesse, não há como usufruir o que se poderia levar desta vida efêmera.

Então, entre ser rico e não ir para o céu, há um equívoco muito grande.

Fui ter um entendimento muito claro dessa mensagem quando estive em Israel e passei pelas portas de entrada da Cidade Velha de Jerusalém.

Percebi que, geralmente, a compreensão das coisas na sua íntegra vem pela prática.

O problema é que, muitas vezes, queremos que as coisas aconteçam, mas ficamos só na teoria. Se eu tivesse esse tipo de comportamento, você jamais estaria lendo este livro.

Na viagem que fizemos a Israel recentemente, tive o privilégio de visitar a casa de oração de Tom Hess, um americano judeu-messiânico.

Ele comprou uma casa no Monte das Oliveiras e a transformou em um centro de adoração e intercessão pelas nações do mundo todo.

O interessante é que existe um relógio de oração distribuindo os horários de acordo com a localização das doze portas antigas de Jerusalém, englobando todas as nações.

É realmente indescritível poder orar onde Jesus orou, além disso, pelas nações do mundo todo, como Ele também o fez, no mês em que se comemora o dia mundial de oração pelas nações. É fascinante, glorioso.

As portas estão assim distribuídas:

I) PORTAS DO LESTE

1) Porta do Leão (Lion's Gate) – Tribo de Dã / Inclui a China, Japão, Coreia, Irã.

2) Porta Dourada (Golden Gate) – Tribo de Benjamin / Inclui a Índia, Indonésia, Ilhas Fiji e vai até o Taiti, no Pacífico.

3) Porta Betânia (Bethany Gate) – Tribo de José / Inclui da Península Arábica até a Austrália e Nova Zelândia.

II) PORTAS DO SUL

4) Porta do Monte Sião (Mount Zion Gate) – Tribo de Issacar / Inclui a Etiópia e o extremo da África. Deus está se movendo ali.

5) Porta de Belém (Bethlehem Gate) – Tribo de Zebulon / Inclui do Egito até a África do Sul.

6) Porta de Ein Kerem (Ein Kerem Gate) – Tribo de Simeão / É uma das portas do Brasil, Nigéria, Costa do Marfim etc.

III) PORTAS DO OESTE

7) Porta de Mevasseret (Mevasseret Gate) – Tribo de Gade / Brasil (parte Norte), Colômbia, Costa Rica e toda América Central.

8) Porta de Jafa ou Jope (Jaffa Gate) – Tribo de Aser / Inclui os países latinos da Europa: Portugal, Espanha, França e Itália. Alcança também toda a América do Norte.

9) Porta Nova (New Gate) – Tribo de Naftali / Europa Ocidental, Inglaterra, Suíça, Alemanha.

IV) PORTAS DO NORTE

10) Porta da Montanha de Samuel (Samuel's Moutains Gate) – Tribo de Judá / Inclui a Turquia e a Ucrânia.

11) Porta de Damasco (Damascus Gate) – Tribo de Rubem / Inclui da Síria até a Rússia.

12) Porta de Betel (Bethel Gate) – Tribo de Levi / Inclui, além da Armênia, o Cazaquistão e toda a Ásia Central, Pequim, na China, até Jerusalém.

GRATIDÃO AOS SUBORDINADOS

EU ERA 3º SARGENTO E FUI ESCALADO PARA COMANDAR UMA equipe de soldados, com uma missão nada convencional para minha função, plantar leivas — grama — em uma escola, por perseguição de um oficial.

Quando cheguei à escola, fui informado de que a esposa do coronel-comandante era a diretora. Decidi, então, que mais uma vez precisava me superar; já de imediato dispensei o cabo — "um inimigo oculto", plantado para me fiscalizar —, que seria meu subalterno naquela missão. Reuni os soldados, informei a eles por que me deram aquela missão e disse que, se eles fizessem qualquer coisa errada naquela escola, o objetivo do capitão seria atingido, que era me punir; se fizéssemos um bom trabalho, nosso objetivo seria atingido e faríamos uma comemoração por minha conta.

O trabalho foi tão bem feito, que tenho até hoje em meus registros o elogio que recebemos do comando do batalhão.

Sorte ou azar

Na China, havia um garoto pobre que desejava muito um cavalo. Um dia, o dono de uma cavalaria viu o menino, que observava a tropa passar. Percebendo o seu desejo, o dono daqueles animais chamou o menino e deu-lhe um potrinho que não estava acompanhando os demais.

Um vizinho, tomando conhecimento do ocorrido, disse ao pai do garoto:

— Seu filho é de sorte.

— Por quê? — perguntou o pai.

— Ora — disse ele —, seu filho queria um cavalo e ganhou um potrinho. Não é sorte?

— Pode ser sorte ou pode ser azar! — Comentou o pai.

Um dia, o cavalo fugiu. O menino ficou doente, deprimido com a falta do seu cavalo. O vizinho, chegando ao pai do garoto, falou:

— Seu filho é de azar.

— Por quê? — perguntou o pai.

— Ora! — disse ele. — Seu filho queria tanto um cavalo e ele ganhou um potrinho. Agora, o animal que tanto ele gostava fugiu. Não é azar?

— Pode ser azar ou pode ser sorte! — comentou o pai.

O tempo passou e, um dia, o cavalo voltou com uma "tropa" selvagem. O menino, agora um rapaz, conseguiu cercá-los. Como cavalo selvagem não tem dono, o rapaz ficou com todos eles.

Observou o vizinho:

— Seu filho é de sorte! Ganhou um potrinho, criou-o, ele fugiu e voltou com um bando de cavalos selvagens.

— Pode ser sorte ou pode ser azar. — respondeu novamente o pai.

Mais tarde, o rapaz estava domando um dos cavalos, quando tomou um coice, caiu e quebrou a perna.

Vem o vizinho:

— Seu filho é de azar! O cavalo fugiu, voltou com uma manada selvagem, o garoto vai domar um deles e quebra a perna.

— Pode ser azar ou sorte — insiste o pai.

Dias depois, o reino onde moravam declarou guerra ao reino vizinho. Todos os jovens foram convocados, menos o rapaz que estava com a perna quebrada. O vizinho:

— Seu filho é de sorte...

O pai responde:

— Pode ser sorte ou azar...

Então, o vizinho interpelou o sábio homem.

— Por que quando acontece alguma coisa boa ao seu filho você diz "sorte ou azar...", quando acontece um azar você diz "azar ou sorte..."?

O sábio homem disse:

— Assim é na vida, meu bom vizinho, tudo que acontece pode ser sorte ou azar. Depende do que vem depois. O que parece ser azar em um momento, pode ser sorte no futuro.

AUTOR DESCONHECIDO

GRATIDÃO PELAS NOVAS OPORTUNIDADES

AINDA NA ESCOLA ONDE PLANTÁVAMOS GRAMA, FUI SURpreendido por um amigo que chegou acompanhado de outra pessoa me procurando. Isso era uma sexta-feira de manhã. Ele foi até onde eu estava para convidar-me para participar de um curso, naquele fim de semana, ministrado por um grande palestrante de uma empresa japonesa.

Realmente sentia-me humilhado e revoltado com aquele abuso, mas aprendi desde cedo que, se a vida estiver azeda, o melhor a fazer é adoçar a limonada, refrescar-se e agradecer.

Essa era a minha chance, participar de uma palestra em uma cidade vizinha, por um grande palestrante, com uma oportunidade de negócio. Pensei um pouco e concluí:

Tenho que fazer algo diferente se quiser resultados diferentes.

Então, voltei a me lembrar do sonho de empreendedor e trabalhar por conta própria. Às vezes, acostumamos com a rotina, na vidinha do dia a dia, e não paramos para pensar nas consequências.

Durante o curso de três dias, denominado SHUREN-KAY[1], com o Professor Ismael Junior, o treinador obrigou-me a fazer uma grande

---

1. **Shuren-kay:** Iwama Shin Shin Aiki Shurenkai é uma organização internacional fundada por Hitohira Saito Sensei em Iwama, no dia 21 de fevereiro de 2004. Tem como objetivo compreender os princípios, o espírito e a técnica do Fundador.

reflexão e a reavaliar minhas prioridades, defini-las no papel e decidir mudar o rumo das coisas.

Até hoje, Vera, minha amável esposa, não se contém quando se lembra da cena; eu chegava em casa de madrugada e parecia ter visto a galinha dos ovos de ouro, a oportunidade de minha vida.

Na segunda-feira, fui para o quartel, e a primeira palavra que disse ao comandante de minha companhia foi: "Estou indo embora". Foi uma surpresa geral. Como eu tinha um comportamento exemplar, o Major Tiaraju, que na época era o subcomandante do batalhão, creio que acreditando que eu estaria fazendo a maior loucura da minha vida, deu-me alguns dias para refletir, mas eu estava convencido de que deveria seguir meu caminho.

Confirmei meu pedido de baixa das fileiras do Exército Brasileiro.

Passei a viajar, participando de todos os treinamentos que a empresa disponibilizava. Muitas pessoas querem a fórmula de como ficar financeiramente independentes e nem se dão ao trabalho de pegar o carro e andar alguns quilômetros para saber mais acerca de como fazer isso. Com esse tipo de atitude, nem que um caminhão cheio de oportunidades chocasse contra a casa deles iriam conseguir enxergar alguma.

Não acredito em coincidências, acredito que tudo acontece com um propósito, temos que estar atentos e ler os sinais daquilo que nos acontece. Acredito que, se procurarmos com otimismo e determinação o que queremos, acabamos por encontrar.

Muitas das vezes, as coisas vêm até nós das formas mais estranhas e menos previsíveis. Se não estivermos atentos, elas simplesmente passam ao nosso lado e não as vemos.

Faz-me lembrar daquela história de um indivíduo que estava no meio de uma inundação em cima do telhado da sua casa. A água já estava nas janelas e subindo rapidamente. Como se viu aflito, começou a gritar:

— Meu Deus, por favor, salva-me! Sempre fui Teu fiel servo, por favor, meu Deus, salva-me!

Passado algum tempo, veio o barco dos bombeiros, que gritavam:

— Entre no barco!

O homem respondeu que não era preciso, pois confiava muito em Deus e Ele iria salvá-lo.

Os bombeiros, espantados e depois de muito insistir com o homem, acabaram por se afastar. Vendo que o homem estava irredutível, decidiram que não poderiam perder tempo e foram salvar outras pessoas. A água continuou a subir e vieram outras pessoas com outro barco e aconteceu exatamente o mesmo. Finalmente, veio o helicóptero do Exército e o homem afastou o helicóptero também, convencido de que Deus não o iria abandonar.

Finalmente, a água acabou por arrastá-lo, fazendo com que o homem morresse afogado.

O homem chegou ao céu e disse a Deus que estava muito zangado com Ele, pois tinha pedido a Sua ajuda e Ele não o tinha ouvido, ao que Deus respondeu:

— Como não? Mandei-te ajuda por três vezes e você as recusou!

Existem muitas pessoas assim, deitam-se à noite com a almofada como companhia e queixam-se de tudo e de todos: que a sua vida está ruim, que não têm sorte, que só lhes acontecem coisas ruins, que sucesso é só para quem tem sorte e às vezes até dizem que gostariam muito de ser ajudados.

Quando surgem as oportunidades, dão milhares de desculpas só para não levantar da cadeira e ver se vale a pena.

É lamentável, mas esse tipo de pessoa é como sanguessuga, rouba a nossa energia.

A maioria das minhas realizações foi conquistada em horas extras, abrindo mão de horas de lazer e, principalmente, de programas improdutivos de TV, como programas policiais, filmes e novelas, e tenha certeza, não sou exceção, já li esse capítulo na história de muitas pessoas bem-sucedidas.

PARTE V

O SONHO

E AGORA, SARGENTO?

QUANDO JÁ ESTAVA GANHANDO UM BOM DINHEIRO NA EMPRESA em que fui trabalhar quando saí do Exército, em uma dessas mudanças de planos do governo, como a empresa era uma multinacional japonesa, fechou no Brasil e fiquei desempregado.

Bem, para encurtar uma longa história: estava diante de um grande desafio. Casado, um filho pequeno e a culpa de ter deixado a carreira militar, conquistada com tanto esforço.

Certo dia, ao chegar em casa, minha amada esposa, com o meu filho no colo, aproximou-se de mim, com olhar de preocupação com nosso futuro e disse: "E AGORA, SARGENTO?", a frase célebre que deu título ao meu primeiro livro.

Confesso que foi como se eu tivesse levado um tiro de canhão, fiquei sem chão, mas, em vez de me desesperar, fui procurar saber o que eu poderia fazer para manter minha família. Sempre quis ter um negócio próprio e, mesmo antes de sair do Exército, eu já havia aberto uma pequena loja para minha esposa, mas não deu certo nosso investimento.

Percebi, então, que esse seria meu maior desafio, recomeçar do zero.

Princípios que regem o sucesso financeiro e minha relação com o dinheiro

Se você quer ser independente financeiramente, observe estas regras de ouro:

- Faça com que o dinheiro trabalhe para você, "seja seu escravo", não o contrário.
- Gere formas de rendimento para que, mesmo que não trabalhe, continue a ter rendimentos.
- Crie defesas para preservar o financeiro, gerando bons hábitos de consumo, seus e de sua família. Ditado: "Pai constrói, filho mantém, neto destrói".
- Procure identificar se suas necessidades são reais ou fictícias.
- Rico não é quem mais tem, e sim quem menos precisa.

Mensagem: O sonho

Sonhei que Deus falou comigo, dizendo:

— Meu filho, estou aqui e sei o que pensas.

E eu disse:

— Então me responde, Senhor, por que existem pessoas tão infelizes no mundo?

Deus respondeu:

— Se apressam em crescer e depois desejam ser crianças novamente. Perdem sua saúde para ganhar dinheiro e, em seguida, perdem dinheiro para recuperar sua saúde. Pensam ansiosamente sobre o futuro e se esquecem de viver o presente, de tal forma, que não vivem nem o presente nem o futuro. Vivem suas vidas como se nunca fossem morrer e morrem como se nunca tivessem vivido...

Então perguntei:

— Que lições de vida o Senhor quer que aprendam?

E Ele respondeu:

— Que uma pessoa rica não é aquela que tem o máximo, mas, sim, a que precisa do mínimo. E que de nada vale o homem ganhar o mundo inteiro e perder a sua alma. E aprendam que eu estou aqui... SEMPRE.

DIVERSIFICAR FONTES DE RENDIMENTO

Uma das ideias que considero grandiosas que aprendi é que nunca devemos colocar nossos ovos em uma cesta só, porque, se a cesta cai, ficamos sem nada. Acho interessante diversificar as fontes de rendimento.

Claro que há economistas, o que não sou, que defendem exatamente o contrário, que a diversificação retira o foco, fazendo com que não se faça nenhuma das coisas bem-feita.

Eu acredito em ter várias fontes de rendimento e que o melhor é que essas diversas fontes sejam interligadas entre si e que umas potencializem as outras, assim, não há problema de foco, pois as várias fontes de rendimento conseguem potencializar-se entre si.

Sendo assim, acho recomendável que as pessoas que querem diversificar as suas fontes de rendimento para além do seu emprego ou até mesmo dos seus negócios tradicionais estejam, de alguma forma, envolvidas com a internet ou negócios a partir de casa.

ROYALTIES E DIREITOS AUTORAIS

OUTRO CONCEITO INTERESSANTE PARA SE ORIENTAR AS FONtes de rendimento é ter alguma forma de alavancagem. Vou explicar: investir em negócios que permitam fazer o trabalho uma vez e continuar recebendo sempre por isso. As grandes fortunas que permitem que a pessoa tenha qualidade de vida têm esse princípio. Os escritores, cantores e outras celebridades recebem royalties pelo seu trabalho no final da obra feita e continuam sempre a receber, geralmente, muitos e muitos anos depois. É o caso de Elvis Presley, Ayrton Senna e outros excelentes exemplos de pessoas que já morreram há anos e continuam gerando uma fortuna em royalties. Pessoas que já morreram e ganham mais dinheiro do que eu e um punhado de pessoas normais juntas já ganhamos em toda a vida!

QUANTO MAIS PESSOAS VOCÊ AJUDAR, MAIS PERTO ESTARÁ DE ATINGIR SEUS OBJETIVOS

UMA LEI BÁSICA É A DA RECIPROCIDADE.

Estive com um amigo, o Dr. Stacys Z. Junior, que foi presidente da OAB por três gestões. No ano de 2001 a 2009, fez parte do conselho da OAB do Estado de São Paulo, é um profundo conhecedor de Carapicuíba, e conversávamos sobre esse assunto, na realidade, o resultado de causas e efeitos.

Quando mudei-me para Carapicuíba, algumas pessoas procuraram convencer-me de que não era uma boa opção de cidade para morar, já que era considerada uma cidade-dormitório, com pouca infraestrutura, uma das últimas cidades do Estado de São Paulo no IDH — Índice de Desenvolvimento Humano.

Imagine uma pessoa vinda do buraco do tatu, falida, depois de ter morado nas melhores cidades do Brasil, ter que recomeçar na cidade do "Peixe que não se pode comer" (significado de Carapicuíba, no vocabulário Tupi-Guarani-Português).

Mas esse é outro princípio que acredito e pelo qual oriento minha vida e os meus negócios, o da reciprocidade, ou seja, tentar ajudar o maior número de pessoas possível a conseguir atingir os seus objetivos. Com isso, atingirei os meus de forma automática. Então entendi que estava no lugar certo.

Iniciei um negócio de venda porta a porta, fazia palestras gratuitas e oferecia oportunidade de trabalho. Algumas pessoas simplesmente meneavam a cabeça e iam embora, outros diziam que não tinham perfil para venda, mas muitos abraçavam a proposta e, em pouco tempo, tínhamos um batalhão de pessoas oferecendo nossos produtos porta a porta.

Nesse período, além de ajudar muitas famílias a melhorarem suas rendas, desenvolvemos um trabalho de apoio a adolescentes por meio de um projeto esportivo envolvendo a escola estadual em que meus filhos estudavam. O projeto deu tão certo que, em janeiro de 2011, conseguimos, com o apoio de diversas empresas e igrejas, promover a arrecadação de alimentos e roupas para ajudar a população vítima da enchente no Rio de Janeiro, arrecadando um caminhão de roupas e alimentos não perecíveis.

Quero aproveitar para agradecer a todas as pessoas generosas desta cidade, em especial às igrejas evangélicas e à rede de supermercados Soares Mendonça, que, além de dispor de suas lojas para receber doações, disponibilizou um caminhão para que pudéssemos levar os donativos e ficar durante uma semana em Petrópolis, Rio de Janeiro, ajudando as vítimas da enchente. Essa é apenas uma das referências que faço, mas tivemos suas participações em muitas outras ações humanitárias.

Também agradeço aos músicos Paulo, Maikel, Marcos, Jacson e muitos outros, que fizeram várias apresentações em algumas empresas para incentivar as doações.

Creio, fielmente, que este livro serve como exemplo. Sei que, ao ajudar as pessoas, seja atender às suas necessidades imediatas ou atingir seus objetivos em curto, médio ou em longo prazo, ao esforçar-me para dar-lhes os melhores conteúdos, ao estar disponível para ajudar com a minha experiência mesmo além deste livro, mais cedo ou mais tarde, terei o meu retorno.

Acredito no poder da sinergia. Acredito que 1+1 não são 2. Acredito que a energia criada pelo trabalho em grupo é muito superior à soma das partes.

Se você ajudar um número suficiente de pessoas da melhor forma que conseguir, se essas pessoas perceberem que essa ajuda e essa vontade de ajudar é genuína, conseguirá criar laços de confiança e de parceria que, mais cedo ou mais tarde, terão a sua contrapartida, muitas vezes, superior.

Não tem preço a satisfação de saber que ajudou, nem que seja um pouquinho, a construir o sucesso de outra pessoa. Essa satisfação vai muito além do dinheiro, e a realização pessoal que daí advém é indescritível.

Por outro lado, ter outras pessoas para ajudá-lo a multiplicar o seu tempo é algo muito poderoso. Uma das formas é ter empregados, mas, acreditem, já tive vários e hoje prefiro crer que estamos na era do fim do emprego de carteira assinada, a exemplo do que acontece em outros países, em especial na Europa, penso que seja melhor trabalhar com colaboradores que somam esforços para dividirmos a colheita dos resultados.

Dedique-se a ser bom em uma determinada área, com isso, atrairá outras pessoas que querem saber ou se beneficiar do que você sabe, estabeleça uma relação de negócio em que, ao ajudá-las, elas ganhem mais e você ganhe uma percentagem sobre isso. Deste modo, quanto mais elas ganharem, melhor para elas e, consequentemente, melhor para você.

J. Paul Getty foi, no seu tempo, o homem mais rico do mundo, e ele tem uma frase célebre que transmite na íntegra o que quero dizer:

Prefiro ter 1% do trabalho de cem pessoas do que 100% do trabalho de uma só.

Sam Walton foi um dos pioneiros do sistema de lojas de ofertas — vendas no varejo por meio das lojas de variedades —, muito conhecidas hoje em dia aqui no Brasil como "1,99". O sistema deu tão certo, que Sam Walton, do conglomerado Wal-Mart, conta em seu livro de biografia, *Sam Walton — Made in America*, lançado pela editora Campus, do Rio de Janeiro, no ano de 1992, que chegou a abrir mais de 300 lojas por ano. Enquanto muitos comerciantes da época pensavam em ganhar muito de poucos clientes, sua filosofia era diferente. Ganhar pouco de muitos clientes. Seus funcionários tornavam-se acionistas da empresa. O restante da história e seus resultados nós já conhecemos ou pelo menos vemos com nossos próprios olhos nas fachadas da multinacional hipermercados Wal-Mart.

Sam Walton, ao referir-se à concorrência, dizia: "Sempre tive a paixão de competir. Nossa história prova que a competição animada é boa para os negócios".

A verdadeira independência e a qualidade de vida vêm quando você, trabalhando muito ou pouco, tem muitas pessoas que o ajudam a ter seu rendimento mensal.

Você pode até pensar que isso é utopia, que esse tipo de modelo de negócios não existe ou que é muito difícil de conseguir.

Se pensa assim, pode não perceber, mas está longe da realidade atual, as coisas mudaram, a tecnologia, hoje, abre as portas do mundo de uma forma fantástica. Uma das formas comprovadas de modelos de negócio que permitem isso é, sem dúvida nenhuma, o comércio na internet.

A esmagadora maioria dos livros de autoajuda que tenho lido — e não foram poucos — limita-se a falar de conceitos gerais e pouco de soluções concretas. Este não é apenas mais um livro de autoajuda, mas, sim, de princípios, que creio poderem contribuir significativamente na vida das pessoas que praticarem-nos.

GRATIDÃO AOS VÁRIOS MENTORES

Algumas pessoas dizem que não se deixam influenciar. Na realidade, essas pessoas deixaram-se influenciar por aquelas que acham que não são influenciáveis. Qualquer um de nós é influenciável, a questão é saber escolher por quem queremos ser influenciados.

As pessoas que nos rodeiam são muito importantes para a criação da nossa personalidade e para a formação da percepção que temos das coisas.

Em meu segundo emprego, minha referência era o Dr. Marcos Malucelli, um profissional aplicado, era sempre o primeiro a chegar ao escritório, sempre bem-humorado. Mesmo sendo um advogado renomado, trabalhava como se estivesse em uma festa. Uma pessoa amável, uma família maravilhosa, suas atitudes e comportamento, em especial no tratamento com as pessoas, me influenciaram muito.

Um bom conselho no momento certo pode mudar o curso de nossa história.

Tive um momento muito ruim quando trabalhava no escritório do Dr. Marcos Malucelli, em que tomaria uma atitude errada, que poderia alterar para sempre o rumo de minha vida para pior. O Dr. Carvílio, hoje desembargador de Justiça no Paraná, uma pessoa simpática, vestia-se muito bem, chegava ao escritório e dizia aquele bom-dia sempre acompanhado com um sorriso e quase sempre apertava a nossa mão.

Ele era estagiário no escritório de advocacia do Dr. Marcos Malucelli, eu era office-boy e lembro-me de que, certo dia, ele me disse que eu era seu auxiliar de serviços tributários. Eu não tinha a menor noção do que isso representava, mas confesso que, na época, me fez muito bem. Deu-me um conselho, e foram poucas palavras, mas fizeram muita diferença em minha vida. Visitei-o no Tribunal de Justiça dias atrás e relembramos o episódio e o agradeci por ter me influenciado com seu exemplo e palavras em momento de incerteza.

Muitas pessoas cometem o erro de pedir conselhos que influenciam a sua vida a pessoas que ainda têm menos informação do que elas.

O impressionante é que as pessoas, normalmente, gostam de dar conselhos, mesmo não sabendo nada do assunto que estão falando. Como as opiniões são grátis, as pessoas dão-nas a um ritmo alucinante, algumas até mesmo sem as pedirmos. O problema é que muitos querem nos impressionar.

Já que o papo está entre o magistrado do judiciário, veja essa:

Ouvi, certa vez, que um advogado recém-formado, após receber sua credencial da OAB, montou seu próprio escritório e aguardava ansiosamente a chegada do primeiro cliente. Colocou seu melhor terno e dirigiu-se para o escritório para aguardar a chegada do tão esperado primeiro cliente, com data e hora marcada.

Não demorou muito e logo apareceu alguém na porta do escritório.

O jovem advogado estava ao telefone falando, supostamente, com outro cliente, satisfeito com o resultado de seu trabalho.

Colocou o telefone no gancho e, confiante, perguntou ao homem que aguardava pacientemente:

— Pois não, posso ajudá-lo?

— Sim, sou da empresa telefônica e vim ligar o seu telefone — disse ele.

Quando se trata de realizarmos os nossos objetivos financeiros, precisamos perguntar às pessoas certas. Muitas vezes perguntamos a alguém que sabe menos do que nós, está pior do que nós ou, se não perguntamos, damos ouvidos a pessoas que querem nos impressionar.

O ESPECIALISTA

Se eu estiver doente, vou ao médico especialista, não vou a um sapateiro.

Outro ponto a observar é a autoridade da palavra de um especialista.

Se você for casar, dirige-se ao juiz de paz e ele, depois de feitas as formalidades legais, diz:

— Eu vos declaro marido e mulher.

Se você sair do cartório e quiser ser solteiro novamente, terá que entrar com um pedido de cancelamento do casamento, ou divórcio, mas, se um consultor ou o seu gerente do banco disserem "Eu vos declaro marido e mulher", isso não fará a mínima diferença, porque as palavras não têm o mesmo valor se não vêm investidas de uma autoridade.

Outro ponto a observar é a competência da autoridade.

Você pode ser surpreendido quando um juiz de alguma comarca diz:

— Não posso julgar este caso, não é de minha competência.

Mas não é juiz? Não está investido da mesma autoridade? Então por que não pode julgar? Simples, não está em sua comarca.

A pessoa pode ser um expert em algum assunto, mas é necessário que esteja dentro da realidade do contexto em que esteja vivendo.

Em minha viagem a Maputo, Moçambique, fui convidado a fazer uma palestra para empresários. A primeira coisa que descobri é que a minha palestra teria que ser totalmente reformulada e que muitas coisas que eu tinha aprendido como verdadeiras não seriam aplicáveis naquele país.

O que temos de fazer é identificar as melhores pessoas nas áreas que queremos dominar, entender o momento e o contexto e, a partir daí, usar o raciocínio do óbvio.

Os japoneses foram muito bons nas décadas de 1960 e 1970 copiando os americanos. A história diz que eles pegavam o melhor eletrodoméstico americano, copiavam e depois melhoravam. Em pouco tempo, os japoneses passaram a ser o número um em qualidade de produtos.

E é isso que temos que fazer, temos que copiar dos melhores, estudá-los, aprender como eles obtêm o seu sucesso e, se possível, superá-los.

As pessoas quase sempre estão dispostas a compartilhar o conhecimento conosco. Os livros de biografia de pessoas bem-sucedidas são um excelente exemplo disso.

Tenho visto muitas pessoas que, depois de estudarem uma oportunidade de negócio, por exemplo, vão perguntar ao vizinho a sua opinião (ao vizinho, que, se o virarmos do avesso, não lhe cai uma única moeda dos bolsos) e o pior é que, normalmente, a opinião dele é a que mais é levada em consideração.

Como o negativo tem muito mais peso do que o positivo, na maioria das situações, o saldo final é negativo.

QUAL É O SEU SONHO?

AS PESSOAS QUE NOS RODEIAM SÃO, MUITAS VEZES, AS primeiras a roubarem o nosso sonho.

Um "amigo" empresário foi à nossa loja e, como não fico no posto de atendimento a cliente — meu escritório é separado, faço consultoria a outras empresas, atendo clientes externos —, nem sempre sou visto. O cidadão perguntou à minha esposa por mim. Ela disse que eu estava trabalhando, ao que a pessoa, demonstrando surpresa, disse:

— E ele trabalha?

Pouco tempo depois, a empresa do referido cidadão faliu e ele me procurou, pedindo uma vaga de emprego.

Para muitas pessoas, os gerentes, administradores, engenheiros, escritores, músicos ou profissões que não aparecem publicamente não trabalham, e sim quem está com a mão na massa, carregando pedra.

Toda profissão é importante, não devemos menosprezá-las, pois o engenheiro que faz o projeto é tão necessário quanto o construtor que o executa.

Para descontrair, leia esta história verídica ocorrida em um quartel de cavalaria na fronteira, por meados dos anos 1980.

"Só vou contar o milagre"

Um cabo antigo e semianalfabeto recebeu a missão de colher, todos os dias, dois caminhões de forragem — capim — para os cavalos. Logo após as primeiras semanas, os soldados, percebendo a falta de liderança do cabo, começaram a fazer corpo mole e, poucos dias depois, só conseguiam cortar um caminhão de forragem.

O oficial veterinário chamou a atenção do cabo, exigindo que tomasse as providências para cumprir a missão na íntegra.

O cabo reuniu os soldados, que apresentaram suas ponderações.

O cabo saiu indignado, foi ao gabinete do comandante e abriu a porta. Fez continência — bem-feita e com entusiasmo — e, sem observar que o coronel estava em reunião com os oficiais, soltou a pérola do dia:

— Coronel, esses soldados estão iguais a oficiais, preguiçosos e folgados, não querem saber de trabalhar.

O coronel fez como que ignorasse o fato e disse:

— Cabo, some daqui.

Mas a história logo virou manchete de primeira mão na rádio "Zé Porvinho" do batalhão.

Muitas pessoas lidam muito mal com o sucesso dos outros quando olham para o seu em particular.

Esse tipo de atitude traz algumas cicatrizes em nossas recordações e esse sentimento é perigoso, muitas vezes, o suficiente para persuadir-nos a desistir de continuar buscando atingir nossos objetivos.

Outra razão que acredito, "talvez em alguns casos" sejam porque pessoas que gostam muito de nós querem nos proteger do sofrimento e do fracasso em uma determinada situação. Isso é absolutamente compreensível e normal. Até porque não existe sucesso sem tropeços. Devemos ter essas razões em consideração quando tomamos decisões e sempre reconhecer com gratidão a preocupação, mas jamais perder de vista nosso objetivo.

Se fores sábio,
levante os olhos para admirar
os que empreendem coisas grandes,
ainda que tenham fracassado.

Lutar sempre.
Recuar quando necessário.
Desistir jamais.

NOSSAS ESCOLHAS

O QUE DESCOBRI É QUE AS PESSOAS SÃO MUITO IMPORTANTES em nossa vida, mas somos nós, e só nós, os responsáveis pelo nosso futuro e que *nunca* devemos colocá-lo nas mãos de ninguém.

Poderia estar aqui tomando horas de seu precioso tempo contando histórias reais de pessoas que dão montes de desculpas e montes de razões para não tomar iniciativa, passando a vida justificando-se por que falharam.

Quase sempre são muito criativas, inventam desculpas. O problema é que isso não gera lucros, só prejuízos. Vivem apontando para o sucesso das outras pessoas.

Meu pai sempre dizia: "Saiba que, quando apontamos para os erros dos outros, um dedo aponta para frente e três para trás, para a gente mesmo". O interessante é que, se não formos bem-sucedidos, essas pessoas são as primeiras a dizer: "Eu avisei!". Se triunfamos, às vezes, as mesmas pessoas são as primeiras a dizer: "Eu sabia que você iria conseguir, parabéns!".

Outras ficam céticas e até tentam lançar alguma suspeita de sombra sobre nossas atividades. Por isso, somos nós os responsáveis pelo nosso futuro.

Os mentores são apenas mentores, cabe a nós aconselharmo-nos com eles, pois já percorreram o caminho que estamos percorrendo e, sobretudo, já atingiram os objetivos a que nos propomos, mas as decisões terão que ser sempre nossas, as verdades de uns podem não ser as verdades de outros.

Sem dúvida nenhuma o fato de ter *coaches* (treinadores) que nos possam ajudar na área em que precisamos é uma das melhores formas de atingirmos nossos objetivos: será mais rápido e mais fácil, mas, se fracassamos, devemos assumir a responsabilidade, sem subterfúgio, pois, assim, será uma vez a menos que fracassamos.

Ter uma vida não basta,
é preciso saber dirigi-la com bom senso,
compreensão e otimismo.

PARTE VI

A BORBOLETA

A borboleta/casulo

Um homem, certo dia, viu surgir uma pequena abertura em um casulo por onde deveria sair uma borboleta.

Sentou-se perto do local onde o casulo se apoiava e ficou a observar o que iria acontecer.

Mas logo lhe pareceu que ela havia parado, como se tivesse feito todo o esforço possível e agora não conseguisse mais prosseguir.

Ele resolveu, então, ajudá-la: pegou uma tesoura e rompeu o restante do casulo.

A borboleta pôde sair com toda a facilidade... mas seu corpo estava murcho, além disso, era pequena e tinha as asas amassadas.

O homem continuou a observá-la porque esperava que, a qualquer momento, as asas dela se abrissem.

Na verdade, a borboleta passou o restante de sua vida rastejando com um corpo murcho e asas encolhidas.

Nunca foi capaz de voar.

O que o homem não compreendia era que o casulo apertado e o esforço necessário à borboleta para passar através da pequena abertura eram o modo pelo qual Deus fazia com que o fluido do corpo daquele pequenino inseto circulasse até suas asas para que elas ficassem prontas para voar.

Nós também passamos por provas enquanto estamos aqui, pois, se tivéssemos uma vida sem problemas ou dificuldades, estaríamos condenados a ficar atrofiados, sem alçar voo.

"Bem-aventurado é aquele que suporta, com perseverança, a provação; porque, depois de ter sido aprovado, receberá a coroa da vida."

Tg. 1:12

SUCESSO NÃO É NADA MAIS DO QUE VENCER SUCESSIVOS FRACASSOS

Muitas pessoas têm tanto medo do fracasso, que nunca ou raras vezes tomam iniciativas; ou então querem fazer tudo tão perfeito logo no início e planejam tanto, tanto e tão bem, e nem chegam a sair do lugar.

As pessoas de sucesso sabem que podem errar muitas vezes para acertar algumas. Sabem que a melhor forma de avançar é pôr-se em ação e vão resolvendo os problemas à medida que forem aparecendo — pelo menos é assim que acredito e vivo. Como já passaram por uma série de fracassos, aprenderam o suficiente para não voltar a cometer os mesmos erros.

Afinal, nossa missão nesta vida é resolver problemas, agradeça por tê-los.

Não estou dizendo que devemos mergulhar de cabeça em qualquer coisa, logo perceberá que não é isso!

Temos que planejar e fazer as coisas com cabeça, tronco e membros, ou começo, meio e fim, como queira. Não podemos ter a pretensão de que por que planejamos muito bem, não cometeremos nenhum erro. Erros e problemas estão sempre surgindo, só temos que interpretá-los e ultrapassá-los.

O homem que diz "Não pode ser feito" sempre será vencido pelo homem que estará fazendo.

Costumo dizer que não importa quanto caímos, só importa levantarmo-nos uma vez mais do que as que caímos.

Por isso, não tenha medo de fracassar, não tenha medo de não acertar à primeira, nem à segunda, nem à terceira vez. Esse processo de sucessivos fracassos faz realmente com que possamos avançar.

Comece! Isso é o mais importante! A ação é o que faz as coisas acontecerem e, à medida que as coisas andarem, você irá progredindo. Não queira ter tudo controlado, se não é esse medo que vai controlar você. A progressão é ir resolvendo os problemas à medida que vão acontecendo.

Claro que temos de planejar, tentar perceber os obstáculos e os problemas que iremos encontrar, mas conheço muitas pessoas que jogam o jogo da análise da paralisia e nunca entram em ação. Por isso, planeje o suficiente e aja o necessário.

Se você quer viver de forma vencedora,
é bom embalsamar seus sucessos
e cremar seus fracassos.

AGRADEÇA PELO TRABALHO

Sucesso só vem antes do trabalho no dicionário

É IMPRESSIONANTE O NÚMERO DE PESSOAS QUE ACHAM QUE os outros têm dinheiro porque têm sorte ou porque enganaram ou roubaram.

Sucesso tem a ver, em primeiro lugar, com querer muito um determinado objetivo. Depois, é necessário estar em constante procura, estar atento a tudo o que nos rodeia, ser curioso para querer saber como as coisas funcionam. Identificar as pessoas que já atingiram aquilo a que nos propomos. Estudá-las e perceber a forma como o conseguiram. Entender as tendências do mercado, o que as pessoas precisam e procurar atender às suas necessidades e problemas. Perceber se nos dará prazer construir um negócio à volta da resolução desse problema ou necessidade.

O sucesso passa a ser o próprio caminho. O dinheiro é apenas um ingrediente.

Depois de toda essa aprendizagem, poderemos, então, construir o nosso veículo econômico. Primeiro, os alicerces e a base do nosso negócio, depois o que temos de fazer é trabalhar muito e com inteligência. Trabalhar muito e com inteligência é o ideal, muitas pessoas trabalham muito, são eficientes, mas não são eficazes.

O Eficiente faz bem-feito
O Eficaz faz o que precisa ser feito.

Se quisermos ser bem-sucedidos, não basta sermos eficientes, é necessário sermos eficazes, isto é, fazer o que precisa ser feito.

Conheço a história de um homem no Brasil que você também certamente conhece... uma das pessoas com mais sucesso que vi na área política. Ironicamente, seu maior sucesso deu-se quando foi aposentado por invalidez por ter perdido um dedo e ter sido impedido de trabalhar.

O então operário Luiz Inácio Lula da Silva, hoje o ex-presidente Lula, impedido de trabalhar com as mãos, foi forçado a começar a trabalhar com a cabeça. Meu pai era analfabeto e um homem do campo, mas já nos dizia: "Quem trabalha muito não tem tempo para ganhar dinheiro".

Quantas pessoas, ao serem forçadas a ter tempo, começam a delegar mais os trabalhos que antes elas próprias faziam, começam a diversificar seus investimentos e acabam por ganhar mais dinheiro trabalhando muito menos? Acredito que preciso trabalhar, sim, e muito, mas com inteligência e usar o veículo certo.

O sucesso vem de muito trabalho, muita determinação, não vem por artes mágicas, não vem por andar pulando de galho em galho, desistindo ao menor sinal de dificuldade.

As pessoas procuram o sucesso da noite para o dia. Às vezes, conhecem pessoas que parecem ter atingido o sucesso de um dia para o outro. O que não sabem é que isso é a ponta do iceberg, a parte visível de muitos anos de trabalho, de passar por muitas frustrações, por muitos altos e baixos.

Quem lhe prometer uma oportunidade de negócio em que, sem trabalhar, vai facilmente e de um dia para o outro ganhar muito dinheiro, deve estar tentando vender-lhe algum milagre. Claro que há formas mais inteligentes e mais rápidas de se obter sucesso financeiro, mas temos de ter sempre a consciência de que ele vem sempre com o ônus do trabalho e da dedicação.

Mas é isso que é divertido, é no ultrapassar das dificuldades que está o interessante, é nisso que está o verdadeiro crescimento.

As adversidades não tornam o homem
mais forte ou fraco, assim como
as oportunidades não o tornam
mais honesto, apenas revelam
o que ele realmente é.

SUCESSO É ATINGIR UM OBJETIVO, SEJA ELE QUAL FOR

O SUCESSO NÃO É UM DESTINO, MAS, SIM, UM CAMINHO, É ALGO que você busca a vida toda, mas ao mesmo tempo o tem durante toda a sua vida. Não existe um ponto de chegada, apenas um ponto de partida. Quando você põe o pé na estrada em busca dos seus objetivos, seu sucesso passa a ser a própria jornada. Transforme o trabalho em prazer, procure correr olhando seu objetivo à frente, com garra, afinco, e não tenha medo de arregaçar as mangas e ir à luta, digo, à festa.

Muitas pessoas, quando fazem referência ao trabalho, dizem: "Vou à luta, vou à guerra, à batalha". Se temos nosso trabalho como uma guerra, podemos levar chumbo, se é uma batalha, podemos perder; se é uma luta, podemos nos machucar. Mas, se temos nosso trabalho como uma festa, sempre será agradável levantar mais cedo e preparar-se para mais um dia.

Divirta-se no que faz e o trabalho deixa de ser trabalho.

Esse é o verdadeiro truque para poder trabalhar e não parecer um trabalho. Se sente que o seu trabalho é algo ruim, então tem que mudar alguma coisa.

Trabalhe enquanto se diverte e divirta-se enquanto trabalha.

Muitas pessoas esperam ter uma vida confortável no futuro, sem sair da sua zona de conforto no presente. O truque é saber sair da sua zona de conforto muitas vezes. Fazer aquilo que nos mete medo, arriscarmos, desafiarmo-nos e acelerar. Todo carro tem que acelerar na subida para, depois, aliviar na descida. Na vida, não é diferente, se pisarmos fundo na subida, poderemos desfrutar e relaxar nas retas e descidas.

DEFINA SEUS OBJETIVOS

Talvez, um dos grandes males da humanidade seja o fato de as pessoas parecerem um pouco perdidas, sem rumo, sem saber o que fazer da vida, limitando-se, simplesmente, a viver o dia a dia.

Se perguntarmos a cem pessoas quais são os seus objetivos de vida, conta-se pelos dedos das mãos aquelas que, sem vacilar e de imediato, nos conseguem descrevê-los, e, dessa meia dúzia, provavelmente pouquíssimas terão esses objetivos escritos em papel, detalhados e datados.

As pessoas querem acertar o alvo, mas se esquecem de que precisam apontar para ele.

Um das formas de atingir mais rapidamente os seus objetivos é escrevê-los detalhadamente. Se é um carro, por exemplo, deve-se saber exatamente qual é o carro, todos os detalhes do veículo, ter catálogos dele, saber quanto custa e ter fotografias dele por todo o lado. Pode parecer uma idiotice colocar a foto do carro que deseja na tela principal do seu computador, mas acreditem que essa é uma idiotice que tem uma força incrível. Creio que isso nos ajuda a focar, a concentrarmo-nos no que é importante quando passamos dificuldades.

Há alguns anos, o meu objetivo era ter uma boa loja, um carro novo, os filhos na faculdade, enquanto que, para minha esposa, era a casa. Passamos a trabalhar juntos para atingir nossos objetivos.

Eu estava sem nenhum dinheiro, mas fui fazer um test-drive em um carro novo por insistência de minha esposa. Colocamos em nossa programação e, em pouco tempo, estávamos com o tão desejado carro novo. Logicamente, tivemos que fazer esforço extra, mas valeu muito a pena. Percebemos que não era tão difícil trocar de carro a cada três ou quatro anos ou conforme a necessidade.

Achei tão maravilhoso, que acho que nenhum homem deveria morrer sem, um dia, possuir um carro novo. Nem que seja por alguns dias!

Isso foi o que aconteceu como resultado da "idiotice" de sonhar com um carro novo. Não há nada de extravagante nisso, mas, para algumas pessoas, isso é ser materialista. O problema é que essas mesmas pessoas, quando compram um sofá novo, ficam anos sem tirar o plástico e nem deixam que os filhos se sentem nele para não estragar.

Isso, sim, é ser materialista, mas ter bens materiais para atender às nossas necessidades e viver confortavelmente é, simplesmente, ato de inteligência e **gratidão** a Deus, que nos tem dado um presente maravilhoso, **a vida**.

Cuidado com o que pensa, com o que deseja, e não subestime o poder da visualização.

Quando você pensa, constrói; quando fala, atrai; quando acredita, acontece. Essa é outra lei natural muito poderosa. Por quê?

Toda soma é igual a um resultado positivo ou negativo.

Isso, talvez, você já saiba, mas o que quero mostrar é onde começa a germinação de nossos resultados.

Pensamento contínuo é = a ato;

Atos contínuos tornam-se hábitos;

Hábitos contínuos formam a personalidade positiva ou negativa;

Daí vêm os nossos resultados.

Se não estiver feliz com seus resultados, o melhor que tem a fazer é mudar seus pensamentos.

Escreva seus objetivos no papel, reveja várias vezes esses objetivos, estabeleça um plano de ação para atingi-los e coloque-se ao trabalho. Às vezes, separo um tempo para arrumar os papéis no meu escritório. Tenho uma pasta onde coloco os assuntos pendentes, aqueles que podem ser resolvidos a médio ou longo prazo e sempre no final do ano, procuro organizar tudo isso. Como, normalmente, guardo minhas agendas antigas, muitas vezes, deparo-me com alguma e, ao folheá-la, vejo a lista dos meus objetivos passados. Quase sempre no começo de cada ano. É muito estranho ver a lista das coisas que, em certo tempo da vida, eram muito importantes. Algumas nos parecem ridículas, outras nos reavivam a memória e relembram-nos de que ainda não as conseguimos. A sensação mais incrível é agarrar uma caneta e colocar um visto no objetivo cumprido, é uma sensação maravilhosa, diria, espetacular!

Descreva, em um papel, exatamente o estilo de vida que quer ter, o tipo de relações, o tipo de pessoa que quer ser, quais viagens quer fazer, quais bens materiais quer ter e o que quer fazer para se sentir realizado profissionalmente.

Quem não sabe aonde vai, não vai a lugar algum.

Sonhe grande, mire para o alto; se não atingir as estrelas, pelo menos estará muito acima daquelas pessoas que nunca ousaram olhar para cima.

AGRADEÇA E INVISTA EM VOCÊ

Pode cair tudo à sua volta, mas, se no percurso, teve o cuidado de investir em você, aprender, buscar informação, elevar o seu valor no mercado, há uma coisa que nunca vai perder: seu conhecimento.

Meu pai, apesar de ser analfabeto, fazia questão que estudássemos, e muito. Ele sempre dizia: "Conhecimento não ocupa espaço". Acrescento, ocupa mais espaço no mercado quem tem mais conhecimento, e quanto mais valor tiver para o mercado, mais rapidamente atingirá os objetivos financeiros.

Sei que nem sempre temos dinheiro para investir em conhecimento, mas um bom exemplo é o Sebrae, que oferece cursos gratuitos e disponibiliza excelentes ferramentas que podem potencializar em muito o seu sucesso.

Sei que temos nossas diferenças, mas temos algo em comum, somos humanos, e confesso que, quando vejo alguém comendo na lata de lixo, pegando restos de comida, sinto uma dor no peito e um desejo irredutível de fazer alguma coisa. Ali, bem em minha frente, está uma joia, criada com exclusividade, com valor inestimável, com inúmeras experiências que, com certeza, contribuiriam para que outras pessoas não chegassem ao fundo do poço. Sinto-me no dever de alertá-los e um privilegiado por poder fazê-lo.

Tal desejo me fez fundar uma casa de apoio para mendigos e moradores de rua em Cuiabá, Mato Grosso. Descobri, a duras custas, o que já havia ouvido inúmeras vezes. É que as pessoas ao chegarem a esse estágio, tornam-se amargas, cheias de justificativas pelo fracasso, normalmente, terceirizando a culpa por estar naquela situação, e nunca **agradecem** o bem que os outros tentam fazer a elas.

Não saber agradecer é um dos estados mais deploráveis de pobreza.

Por isso, o ditado "Se você der um peixe ao faminto, no outro dia ele estará batendo à sua porta com fome novamente, mas se ensiná-lo a pescar, terá matado sua fome para sempre".

Não quero fazer sensacionalismo nem ser visto como o bom samaritano, penso que o que tive foi devido à sorte de conviver com pessoas muito melhores do que eu, às quais sou agradecido, que me ensinaram coisas maravilhosas; sinto-me no direito de usufruir dessas informações e no dever de repassá-las a outras pessoas. Trato este material como um presente ofertado a mim pelas inúmeras pessoas que cruzaram meu caminho, como joias preciosas para meu tesouro pessoal.

Percebi que um dos principais motivos que levam as pessoas a fracassarem é a falta de perspectiva, ou a crise da própria identidade.

Muitas pessoas vivem como se nunca fossem morrer e morrem como se nunca tivessem vivido.

AGRADECER AO RECOMEÇAR

Deparamo-nos constantemente com pessoas queixando-se que o patrão lhes paga pouco, alguns até fazem manifestações, outros reclamam que o chefe não os valoriza o suficiente. Nós recebemos exatamente aquilo que valemos para o mercado. Se não está contente com o que ganha, não adianta tentar mudar as coisas à sua volta, o que tem de fazer é elevar seu valor para o mercado em vez de ir para a "manifestação"; poupe esse trabalho. É lógico que as manifestações, em alguns casos, são legítimas.

Mas a melhor forma de elevar seu valor para o mercado é por meio do conhecimento. Use esse tempo para aprender mais coisas e depois mude de profissão ou de patrão.

Lembro-me com *gratidão* de um amigo de Cuiabá, Mato Grosso, Anilton Novais. Ele iniciou comigo um projeto e trabalhamos alguns meses juntos. Parecia-nos um projeto promissor, mas não nos rendeu nem meia dúzia de reais... Um fracasso. Suspendemos aquele projeto, mas preservamos uma boa amizade, que foi gerada por meio de muitos sacrifícios que fizemos juntos. Certa madrugada, terminamos uma parte do trabalho e, quando ele foi pegar o carro, observou que o tinham arrombado e levado seu laptop; para piorar, lembrou-se de que não tinha gasolina, o porém é que eu só tinha dez reais e nada de gasolina.

Dividimos o dinheiro e deu tudo certo.

Passaram-se mais de dez anos e não nos vimos mais. Em 2014, ele esteve em São Paulo e me fez uma visita. Mostrou-me algumas fotos da empresa em que trabalha e disse-me que havia acabado de comprar uma casa por uma pequena fortuna. Será que realmente foram perdidas as noites em claro? Penso que não. Aquele projeto não deu lucro, mas nos ensinou a não errar em outros tantos que viriam.

Se tivéssemos desistido e arrumado um emprego assalariado, com certeza você não estaria lendo estas informações.

Use o tempo livre para aprender coisas novas, para elevar seu valor no mercado.

SUA BIOGRAFIA

Uma das poderosas formas de potencializar seu valor no mercado é escrever um livro ou sua própria biografia.

Entendo que as coisas não são tão simples e que falar é bem mais fácil do que fazer.

Essa é uma das razões por que resolvi escrever este livro, ajudar outras pessoas. Sei que não tenho muito dote para tal missão, mas o que farei é mais colocá-lo em cima do cavalo do que ensinar o caminho; seu caminho já está pronto, precisa apenas registrar os fatos. Espero contribuir para que tenhamos mais vencedores do que fracassados.

Quando visitei o Netto, em Curitiba, um amigo do tempo de adolescência e meu professor de bateria, do qual já fiz menção anteriormente, peguei o laptop e mostrei-lhe algumas fotos. Uma delas era de uma formatura em que toquei, no auditório da reitoria federal em Curitiba. Na foto, estava o seu irmão, o Dr. Gamaliel, um excelente músico, que também tocou naquele evento — aproximadamente trinta anos antes. Então, o Netto deu-me notícias de seu irmão. Depois, pegou o telefone, ligou para o agora meritíssimo desembargador Dr. Gamaliel e deu-lhe a notícia, salientando: "O Gervásio agora é escritor".

Quando nos conhecemos, eu era apenas um vendedor de laranjas em cima de um caminhão e um menino que sonhava em ser baterista vinte e quatro horas por dia.

Imediatamente, ele quis falar comigo. Peguei o telefone e, para resumir uma grande e linda história, no outro dia, eu estava sendo recebido no Palácio da Justiça do Estado do Paraná, no gabinete do desembargador Dr. Gamaliel. Registrei em fotos aquele momento histórico para mim. Quando você se relaciona com pessoas de bem, seu valor aumenta.

Meu pai sempre dizia: "Cuidado com as companhias". Foi com ele que aprendi o provérbio "Digas com quem andas que direi quem és".

Não quero atribuir o encontro apenas ao motivo de ter escrito um livro, mas ao conjunto de situações, em especial meu profundo desejo de **agradecer** ao amigo do tempo de adolescência, no entanto, também é fato que agora há uma referência, alguém que as pessoas de bem sabem que vale a pena encontrar.

Com certeza, não sou o único que conhece pessoas bem-sucedidas e que fizeram diferença em suas vidas.

O problema é que muitas pessoas se sentem diminuídas quando estão próximo de pessoas bem-sucedidas e, muitas vezes, querem diminuir os méritos das conquistas dos outros para elevar os seus e, de alguma forma, massagear o próprio ego.

Mesmo tendo um amigo em alta consideração, uma pessoa, para mim, sem defeitos — é claro que todos têm os seus, mas o importante é que, da janela que eu estava, só conseguia ver as qualidades —, deixei de visitá-lo, porque alguém em uma conversa disse-me que aquela pessoa não era a mesma, tinha tido grandes conquistas e que não recebia qualquer um.

Anos se passaram e, certo dia, em minha reflexão, despertei do inverno de consciência ao relembrar que me sentira como alguém importante aos 14 anos quando olhava para as outras pessoas cantando "Parabéns pra você" e imaginava ser aniversário de alguém muito importante e a surpresa era para mim. Sempre que pegava a foto de uma formatura, no auditório da reitoria do estado do Paraná; lá estava eu, soldado recruta do Exército, ao lado de Gil, executivo da Petrobras, Gilberto Fraga, empresário, e Seminho, até então advogado; quando recebi homenagem de promoção no Exército e em diversos outros momentos.

Pensei e decidi: se ele me receber, terei mantido um velho e muito melhor amigo; se não, não terei perdido um amigo, perderei apenas a ilusão de que tinha um amigo.

Pessoas de espírito nobre reconhecem uma verdadeira amizade, as medíocres não acrescentam nada em nossa vida.

Precisamos, logicamente, ter bom senso para não confundir amizade com liberdade. A meu ver, amizade se adquire pelo relacionamento, confiança e liberdade pelo comportamento.

Não posso querer que uma pessoa, que só me conhece de alguns momentos, abra a porta de sua casa e me receba como se eu fosse da cozinha, isso é utopia.

Quando visitei o Dr. Gamaliel, desembargador de Justiça, percebendo a minha dificuldade para usar a formalidade que lhe é devida, como autoridade magistral, da forma correta, disse-me:

— Gervásio, pode ficar à vontade, eu sou o Seminho mesmo.

Na realidade, meu interesse era apenas demonstrar meu reconhecimento por sua influência positiva e minha gratidão, mas sua demonstração de amizade e consideração me surpreendeu.

Penso que, ao agradecer, além de fazer bem à pessoa que lhe influenciou, estará somando em sua trajetória de vida, potencializando o seu sucesso.

Começa-se pelo motivo de que você estará tomando uma atitude diferenciada. Vemos isso no episódio de quando Jesus curou dez leprosos e só um voltou para *agradecer*.

Penso que as coisas não mudaram muito e isso já o coloca pelo menos nove vezes na frente da maioria das pessoas.

Busque mais informações sobre a importância de escrever sua biografia. *E sê agradecido, às pessoas que fazem parte de sua história.*

APRENDENDO COM AS DIFICULDADES

Depois que a empresa em que eu trabalhava quando saí do Exército fechou, fiquei com minha autoestima muito machucada. Resolvi continuar, agora como empreendedor, buscando a livre-iniciativa; fui buscar apoio por meio dos cursos do Sebrae.

Sabia que tinha de trabalhar para mim mesmo se quisesse ter uma vida acima da média. Sempre tive um espírito empreendedor bem enraizado, mas não sabia o que fazer.

Mudei, então, para Cuiabá, Mato Grosso, e comecei uma pequena loja de materiais para construção. Em cinco ou seis anos, já tínhamos, com muito trabalho, aberto uma segunda loja e as coisas iam muito bem. Um vendaval destruiu toda a loja matriz e eu não tinha a loja assegurada. Fiquei com a opção de vender o imóvel para pagar os fornecedores.

Comecei, então, a remar tudo de novo e não raras vezes me lembrava da cena, minha esposa, com meu filho no colo, e a fatídica pergunta que não queria calar, *E agora, sargento?*

Tinha que ir em frente, os barcos atrás de mim estavam todos afundados e só havia uma saída, continuar remando em frente em cima do pedaço de tábua que sobrou. Minha fé.

Quando eu estava em meio ao caos, pensando para que lado seguir, apareceu uma pessoa que, segundo ela, tinha por mim admiração, pois, quando iria mudar de país — do Brasil para Portugal —, fiz o transporte de sua mudança e não cobrei, ela deu apenas um valor para o combustível.

Não me lembrava do episódio, fato é que, quando eu tinha depósito de material para construção, uma vez ou outra tentava ajudar as pessoas, fazendo alguma ação nesse sentido, transportando suas mudanças aos domingos à tarde. Era como um hobby ajudar algumas pessoas.

Essa jovem senhora tornou-se uma pessoa de sucesso em Lisboa, Portugal, e, ao saber do ocorrido com a minha empresa, quis me ver. Eu estava realmente muito abalado.

Fui, então, ao encontro da jovem senhora, agora casada com um português muito simpático. Ao ouvir meu relato sobre a tragédia, sugeriram que eu fosse para Portugal. Eles me dariam um emprego lá, muito bem remunerado para a realidade daqueles dias.

Nem titubeei em aceitar a proposta, fui, imediatamente, providenciar os documentos e passei a viver o sonho de morar na Europa.

Quando cheguei a Lisboa, acreditava que haveria alguém me aguardando, conforme o combinado.

Liguei, então, para a pessoa que me convidara para trabalhar e, surpreendentemente, disse-me:

— Estou com problemas com o meu marido e você não vai poder trabalhar conosco.

Confesso que fiquei sem chão, eu tinha vendido um computador para comprar a passagem e o dinheiro que levara era muito pouco.

Fiquei, então, no aeroporto, sem saber o que fazer, mas resolvi que iria tentar um trabalho. Não deu certo e fui encaminhado a uma sala onde estavam muitas pessoas, as quais não consegui saber de que país eram, mas eram do continente africano.

Como eu estava sem água, tentei me comunicar com eles pedindo água, mas não tive sucesso. Fiquei, então, naquele recinto, sem água e sem comida, por um dia inteiro. Depois, fui extraditado para o Brasil.

No avião, senti-me, pela primeira vez, como alguém desempregado. Peguei um guardanapo e escrevi: "Dicas para não ficar desempregado". Quando cheguei a São Paulo, já tinha de oito a dez dicas anotadas.

O avião fazia escala em São Paulo e o voo para Cuiabá, cidade onde eu morava na época, só sairia no dia seguinte. Resolvi visitar minha irmã, que mora até hoje em Osasco, São Paulo.

Contei o que havia ocorrido e ela me disse:

— Venha para São Paulo, aqui é terra das oportunidades.

Era tudo de que eu precisava ouvir, a palavra mágica: *oportunidades*.

GRATIDÃO A QUEM ESTENDEU A MÃO

Resolvi, então, que ficaria em São Paulo, recomeçaria e superaria aquela situação. Comuniquei-me com a minha esposa, que ficara em Cuiabá, e comecei um tipo de venda porta a porta.

Todos os dias, eu acordava preocupado e com muita saudade de minha esposa e meus filhos, que estavam a quase dois mil quilômetros de distância. Então, o inacreditável aconteceu.

Trabalhei o dia inteiro na rua e, assim que cheguei, minha irmã Cila disse:

— Você está pedindo móveis por aí?

— Não! Por quê? — respondi.

— Ligaram aqui dizendo para você ir buscar alguns móveis.

A princípio, achei muito estranho, mas eu não tinha nem sequer onde colocá-los. Minha irmã trouxe-me um papel com o número do telefone e o nome da pessoa.

Um pouco mais tarde, minha sobrinha chegou do trabalho, radiante, e dizendo:

— Estou grávida!

Foi uma festa.

Minha irmã comentou com ela e seu marido sobre os móveis que eu tinha ganhado e que eu não tinha casa para morar. Imediatamente, minha sobrinha Elizangela disse:

— Vá morar em nossa casa, só vou me mudar depois que meu filho nascer.

Era um condomínio fechado, no qual eu não pagaria água, luz nem condomínio, pois estava em construção. Foi a salvação da lavoura.

Quando fui buscar os móveis, a senhora que me recebeu falou sobre uma promessa que fizera que, assim que mudasse para a casa nova, doaria os móveis da casa antiga para alguma instituição beneficente.

Comentou sobre seu propósito e disse-me que acreditava que aqueles móveis seriam muito úteis às crianças daquela instituição.

Depois de ter carregado uma parte dos móveis, senti-me incomodado e resolvi informar àquela senhora que eu precisava daqueles móveis, mas eu não pertencia a nenhuma associação. Relutei por alguns instantes, mas optei por falar.

Para minha surpresa, a senhora pediu-me que a acompanhasse até a casa nova. Ao adentrar a casa, dirigiu-se diretamente para a cozinha.

Começou, então, pegando um liquidificador e uma batedeira, que estavam em cima de um armário, depois abriu uma gaveta com muitos talheres, algumas bandejas, colocou tudo em cima da mesa e disse:

— Isso aqui também é seu; quando não precisar mais, doe para outras pessoas.

Algumas pessoas acham que não são bem-sucedidas por serem honestas. Francamente, não consigo entender como alguém pode viver enganando as outras pessoas e considerar-se uma pessoa de sucesso. Mesmo que venha a conquistar fortunas que sustentem sua próxima geração, penso que o dano de um desvio de conduta poderá causar um rombo no caráter das gerações seguintes como um iceberg, que, mesmo estando oculto, afunda um navio.

Creio que a ocasião não faz o ladrão, apenas revela o que ele realmente é.

A honestidade livra o homem correto, mas o desonesto é apanhado pela sua própria ganância.

Provérbios 11:06

Fiquei curioso de como o número do telefone de minha irmã, fora parar nas mãos daquela senhora...

Primeiro, eu acredito em milagre, penso que esse episódio pode ser classificado como um.

Em uma das manhãs que saí para oferecer produtos porta a porta, passei em uma associação e pedi autorização à pessoa encarregada para falar com as mães que estavam ali. Assim que fiz uma rápida apresentação sobre os produtos, entreguei um panfleto com meu contato, caso alguém desejasse fazer algum pedido.

Na realidade, da casa de minha irmã, já que eu estava morando temporariamente lá.

Essa senhora, quando resolveu doar os móveis, pediu para que sua filha passasse na associação e pegasse o número do telefone para que ela fizesse contato.

A jovem, quando chegou à associação, pegou meu panfleto e anotou no verso o número do telefone da associação.

Ao chegar em casa, entregou para sua mãe, que, em vez de ligar no telefone da associação, ligou para mim.

Assim, fui beneficiado providencialmente com aqueles móveis e utensílios em um dos momentos mais difíceis de minha trajetória de vida.

Lembro-me com carinho daquela família e cumpri o pedido. Em menos de dois anos, as coisas melhoraram para mim, comprei meus móveis, doei o que havia recebido e voltei àquela casa para agradecê-los.

Como já mencionei anteriormente, algumas vezes não tinha dinheiro para almoçar na rua, comia pão com doce de paçoquinha e morei de favor por mais de um ano.

Quando as coisas começaram a melhorar, montei um escritório e fui para a rua recrutar vendedores. Em pouco tempo, eram quase 200 gerando os lucros do trabalho em equipe e a dor de cabeça de trabalhar com um batalhão de pessoas. Só de pensar, me dá arrepios.

Considero os empresários de hoje verdadeiros heróis do nosso dia a dia. Ter que responder perante os empregados, os clientes, os fornecedores, o Estado, além dos riscos de desvios, assaltos e roubos.

Cheguei a uma fase da vida em que não gostava de ser nem patrão nem empregado.

Depois de um desses planos do governo, a empresa da qual eu distribuía os produtos fechou. Então, o que fazer? Fechar minha distribuidora? Mudar de produtos, se todo o meu investimento foi em cima da marca?

Quando eu trabalhava com equipe de vendas, pensava sempre: "O amanhã vai ser melhor", fazia reuniões com o pessoal pedindo para eles vestirem a camisa da empresa e às vezes até forçava a barra dizendo que vestir a camisa era muito pouco, deveriam mesmo é suá-la; que forma ingênua pensar que alguém veste a camisa do sonho do outro... Na primeira oportunidade, ao balanço do mar, abandonam o navio.

Voltar a pensar "pequeno" ou resignar-me a uma vida de casa-trabalho?

Porém, no fundo, sabia que tinha que fazer as coisas de forma diferente para ter resultados diferentes, afinal, eu era o único responsável e precisava continuar no rumo da mudança para minha vida.

Sabia, contudo, que queria muito, muito, ter sucesso. A fuga só poderia ser para frente, as pontes estavam todas queimadas atrás de mim.

Hoje, sei que um problema tem sempre uma oportunidade escondida e, geralmente, quanto maior é o problema maior é a oportunidade.

Não interessam os problemas, o que interessa é o que fazemos em face deles. Se, neste momento, você tem problemas: parabéns! Sente-se com calma e analise o porquê desses problemas, tente vê-los de vários ângulos, fale deles a pessoas de confiança, de preferência pessoas que já passaram pela mesma coisa. Fale com pessoas de sucesso ou pessoas com outra experiência de vida, mas faça isso só para receber informações e para obrigá-lo a pensar em voz alta, isso força-o a ver as coisas de outros ângulos.

Lembre-se sempre: ninguém paga suas contas, tem que ser você próprio a sair dos problemas. Pense: como posso me beneficiar com esta situação? Como posso ganhar alguma coisa nestas circunstâncias? Se pensar dessa forma, vai ver que esses problemas são, na realidade, oportunidades escondidas que poderão mudar o rumo das coisas. Como diz o provérbio: "Enquanto alguém chora, outros vendem lenço".

No meu caso, como o problema era muito grande, obrigou-me a encontrar uma solução radical, diferente. Todavia, foi graças a ele que a nossa vida mudou radicalmente; era o que precisávamos para nos colocar novamente no caminho dos nossos sonhos e do tipo de vida que sempre sonhamos.

Em pouco mais de doze anos, com a graça de Deus e muito trabalho, conseguimos o que queríamos: uma renda que atende às nossas necessidades, o privilégio de ver os filhos bem encaminhados no mercado de trabalho e uma família estruturada.

A influência do pensamento é muito maior do que você pode imaginar; as coisas podem até não acontecer da forma como esperamos, podem, às vezes, seguir caminhos completamente inesperados, mas têm sempre tendência a ir de encontro àquilo que sonhamos e pensamos.

Por isso, tenha muito cuidado com o que pensa e com o que sonha: há tendência a concretizar-se. Se não temos nenhum objetivo, se não temos nenhuma meta, acontece exatamente isso: nada.

ALGUNS PARADIGMAS ERRADOS SOBRE O SUCESSO

Qualquer um pode ter sucesso.

HÁ QUEM ACREDITE QUE QUALQUER PESSOA PODE CONSEGUIR facilmente atingir seus objetivos; vende-se o sonho da facilidade e a pessoa acha que, sem esforço, vai atingir seus objetivos magicamente.

Acreditam no lucro fácil, que toda pessoa pode ser bem-sucedida financeiramente, acreditam que, sem fazer nada, podem ficar ricos de um dia para o outro.

Na realidade, qualquer pessoa pode ser bem-sucedida, mas depende muito como entende o que é sucesso.

Eu, particularmente, entendo que sucesso é atingir um objetivo, seja ele qual for. Se a pessoa não tem objetivo, qualquer lugar a que chegar está bom.

Certo cidadão entrou no elevador e o ascensorista perguntou:

— Qual andar, senhor?

Ele respondeu:

— Qualquer um, já estou no prédio errado mesmo.

Só podemos ter um objetivo se soubermos aonde queremos chegar.

Para tornar-se independente financeiramente, é preciso um tipo de atitude que não seja o da passividade.

Penso que o pior que muitas pessoas fazem é nivelar as coisas por baixo e querer reduzir as conquistas à sua forma mais simples para, supostamente, facilitar sua realização.

Isso cria um bando de inúteis que não sabem fazer nada na vida, sem qualquer preparação para fazer qualquer coisa que seja.

Há pelo menos dois tipos de ignorância, que são muito distintas: primeiro, aquela que as pessoas não tiveram oportunidade de aprender. E essa tem cura: a instrução.

Mas a segunda não tem cura e ainda é contagiosa; trata-se daquela que as pessoas sabem e fazem malfeito, apenas por preguiça ou má vontade.

Essa pessoa normalmente pensa: se qualquer um sabe fazer isso, para que ser especialista ou aprimorar o que sei?

Você contrata um profissional para colocar o piso do banheiro e a água do chuveiro, em vez de ir para o ralo, fica estancada no canto oposto. A pessoa não se preocupou em tirar o nível para deixar um pequeno caimento para que a água fosse para o ralo. Esse tipo de atitude e outras similares são o que levam as pessoas ao fracasso.

É patético ver certas pessoas e a forma como elas encaram sua busca pelo sucesso. Nunca, na vida, vão triunfar em nada enquanto mantiverem certos tipos de pensamento e atitude.

Há também pessoas que estudam quinze ou vinte anos para ter um diploma, mas, depois que pegam o canudo muitas vezes continuam desempregadas durante anos ou em um subemprego para o qual o canudo não serve.

Tudo na vida é preciso aprender e depois colocar-se na direção certa, isso é praticar o que aprendeu. Jamais poderemos ser bem-sucedidos praticando a cultura da mediocridade.

A boa notícia, e acredito intensamente nisso, é que qualquer pessoa que esteja disposta a mudar e a fazer o que for preciso para aprender pode triunfar na vida. O grande diferencial é querer aprender.

Algumas pessoas têm um emprego que detestam, odeiam o chefe, demoram duas ou três horas para chegar ao emprego e outro tanto para voltar no fim do dia para casa, estão insatisfeitas com o que ganham e não fazem nada para mudar, por achar que não têm perfil para fazer outra coisa!

Desde quando é mais fácil ter perfil para suportar tudo isso e não ter perfil para aceitar desafios e aprender novas competências que serão necessárias para executar uma coisa nova? E uma coisa nova que poderá literalmente levá-las a novas conquistas, realizações pessoais e até uma independência financeira!

Mistérios da mente humana...

Hoje, no mundo supercompetitivo em que vivemos, quem não se adaptar será ultrapassado, quem não tiver a capacidade de mudar a direção da sua vida várias vezes na velocidade das mudanças e adaptar-se a elas fica para trás.

Às vezes, vejo alguém dizer que não sabe (o que é perfeitamente normal), mas que não vai se esforçar para aprender! Essa pessoa acabou de ficar um passo mais longe de poder aprender uma coisa nova que, mais cedo ou mais tarde, lhe vai ser útil quando ela tiver de fazer a próxima escolha e mudança na vida.

Acredito que toda pessoa pode ser bem-sucedida, mas quem não tem sucesso agora tem que mudar algumas formas de pensar e tem, obrigatoriamente, que adquirir novas competências.

Certo cidadão estava procurando a carteira que havia perdido. Alguém, tentando ajudá-lo, perguntou:

— O senhor tem certeza de que perdeu aqui?

— Não! — respondeu. — Foi ali, mais na frente, mas lá está escuro!

As coisas podem não ser muito favoráveis, mas não adianta ficar procurando a carteira onde não perdeu.

Não podemos mudar o mundo, mas podemos mudar a nós mesmos. Em vez de tentar convencer todo mundo de que estamos certos, devemos concentrar-nos em ajudar aqueles que estão dispostos a aprender, dispostos a trabalhar. Devemos procurar lidar com pessoas que precisam e querem realmente mudar o seu futuro.

Criticar as pessoas que gostam de viver confortavelmente, que não estão nem aí para sair da zona de conforto, é contraproducente. Normalmente, essas pessoas acham que os ricos conseguiram porque tiveram sorte, conseguiram achar um botão mágico que, em um golpe de sorte, tornou-os ricos. Acham que não pode ser com trabalho, pois eles já trabalharam a vida inteira e sabem que não é com muito trabalho que vão conseguir. Então, se não é o trabalho, deve haver uma fórmula mágica.

Não é vendo novela e fazendo churrasquinho todo fim de semana que conseguimos mudar nossa realidade financeira. Com esse tipo de atitude, continua tudo igual, ou pior, porque isso tudo custa dinheiro.

TÉCNICAS DO TEMPO EM QUE O MAR MORTO NÃO ESTAVA NEM DOENTE

No mundo de hoje não podemos fazer as mesmas coisas que fazíamos há décadas. Usar métodos do tempo em que o mar Morto não estava nem doente não vai trazer resultados positivos para atingir seu objetivo.

Por isso, as pessoas que têm uma sede insaciável por aprender, estão dispostas a sair da sua zona de conforto, querem adaptar-se às mudanças e estão dispostas a percorrer o quilômetro extra podem triunfar e, a meu ver, essa atitude leva a pessoa ao sucesso em qualquer negócio ou atividade que programar.

As recompensas de um negócio bem-sucedido são incríveis, você é dono do tempo, não tem patrões, poderá trabalhar a partir de casa ou de qualquer outro lugar, pode estar de férias e trabalhar, prospectar, conhecer empresas do mesmo ramo, etc. Ou pode trabalhar e ter um dia, uma semana, ou mais, de férias. Dependendo das circunstâncias, deixar para subir da praia na segunda-feira, quando o trânsito é mais ameno, sair mais cedo do trabalho e curtir a família enquanto ainda há luz do sol; pode viajar, conhecer lugares e pessoas interessantes, cheias de energia, superpositivas, divertir-se com o trabalho, evitar a pressão e o estresse, até porque, em determinadas alturas, podemos diminuir o nosso esforço e continuamos a receber — e às vezes até mais do que quando estamos trabalhando ativamente.

Penso que a qualidade de vida que se consegue com um negócio bem-sucedido é muito difícil de igualar a outras atividades.

Em São Paulo, nos horários de pico, o trânsito é horrível. Imagine não ter que andar nas filas de trânsito, poder andar sempre no sentido contrário ao das filas.

Se tem um negócio on-line, com base na venda pela internet, imagine levantar-se, ir ao seu e-mail e verificar que recebeu uma série de pagamentos. Que sensação mais incrível! *Mas bah, tchê!*, como diz o gaúcho, *É pra lá de bom!*.

AGRADEÇA PELO MOMENTO QUE ESTÁ VIVENDO

CERTO DIA, COMENTAVA COM MEUS FILHOS SOBRE AS DIFIculdades da minha época. Um deles respondeu pelos dois:

— Mas nós nascemos na época certa.

Concordo em número, gênero e grau.

As coisas podem até estar difíceis em alguns aspectos, mas quando comparado com as dificuldades vividas pelos nossos antepassados, chego à conclusão de que estamos realmente no lucro.

Penso que a maioria das pessoas gostaria de ter o estilo de vida que proporciona um negócio bem-sucedido.

Hoje, as novas tecnologias de comunicação, como os celulares, a facilidade de viajar e, sobretudo, a internet vieram mudar completamente o panorama dos modelos de negócio: pela primeira vez, em sessenta anos, temos acesso a tecnologias que podem mudar nossa realidade em um clique.

Com a internet, podemos, do conforto da nossa casa, chegar a todo o mundo. Muitas pessoas revoltam-se contra a globalização, são os que resistem às mudanças, são os que estão tendo alguma dificuldade em se adaptar, mas nunca como agora, na história da humanidade, abriram-se tantas chances de sucesso.

Os vários tipos de negócios em conjunto com a internet estão criando autênticas fortunas no mundo inteiro.

O sucesso de muitas pessoas em comum foi o fato de terem construído um sistema de trabalho para elas e para suas equipes que fosse duplicável e que assentasse em um crescimento sustentável, que atenda à necessidade de muitas pessoas, baseado não somente na contratação, mas no treinamento, e em repassar informações que alavanquem o seu negócio com a movimentação de muitos produtos, ou quando prestadora de serviços, que esteja em destaque entre as melhores, pois é isso que dá o sustento sólido a uma empresa.

Na era da internet, o sucesso no comércio vem de você criar ou usar um sistema de trabalho que lhe permita entrar em contato com muitas pessoas por dia para se tornarem seus clientes. Aliás, como qualquer negócio bem-sucedido.

Na era da internet, você só tem de ser bom em marketing: saber como gerar milhares de visitas às páginas do seu site, e isso qualquer pessoa pode aprender, independentemente de ter vivido em uma aldeia, uma pequena cidade ou em uma cidade com milhões de habitantes. A internet evoluiu muito e, hoje, gera verdadeiras fortunas pelo mundo.

Não é preciso ser um cientista para ter sucesso; é preciso, sim, ter a vontade de aprender e conhecer as pessoas certas que podem ensiná-lo.

Não há magia e não há botões mágicos que o tornarão rico de um momento para o outro sem fazer nada.

Deve, sim, procurar os mentores certos, deve procurar a informação certa e procurar aplicá-la constantemente.

É preciso ter uma vontade insaciável de aprender, de trabalhar, de ter o veículo certo nas mãos e de usá-lo incansavelmente. E nunca deixar de *agradecer*.

FAÇA AOS OUTROS O QUE QUER QUE OS OUTROS LHE FAÇAM

Essa é, sem dúvida, uma regra de ouro. Jesus, o maior de todos os mestres da história, ensinou provavelmente o mais importante preceito no mundo, válido para todas as circunstâncias, inclusive nas relações comerciais.

O que queres que os homens lhes façam, da mesma maneira lhes faça vós também.

LUCAS 6;31

Deve-se fazer uma pergunta a si próprio: "Eu consumiria este produto regularmente? É um produto que o mercado precisa? Está na tendência de mercado?".

Vender televisores em preto e branco não é tão interessante nos dias de hoje, logo, o negócio baseado em um produto e em uma necessidade que não esteja em conformidade com a procura é muito mais difícil de proporcionar interesse, poderá até ser impossível qualquer tipo de sucesso.

Na realidade, ninguém está interessado em comprar qualquer produto que seja. O que todas as pessoas querem é atender às suas necessidades, por isso, o que fazemos precisa ter essa proposta.

AGRADECER QUANDO NÃO ACERTAMOS

Dizia Thomas Edison, o inventor da lâmpada: "De fato, eu não errei ao tentar dez mil vezes desenvolver um acumulador (lâmpada), simplesmente encontrei dez mil maneiras que não funcionam".

Boa parte de minhas informações no mundo dos negócios vieram do marketing multinível. Hoje, o marketing multinível é uma forma reconhecida de negócio, embora, para a maioria das pessoas, pareça uma forma "obscura" e quase mafiosa de ganhar dinheiro.

Muitas pessoas têm a ideia de que é um modelo que não funciona porque conhecem alguém que conhece alguém que "já esteve nisso" e não ganhou dinheiro, dizia que ia ficar rico e continua com o mesmo carro caindo aos pedaços, a mesma casa, a vida em nada mudou. Aliás, mudou, provavelmente para pior, e até já desistiu "disso".

Quanto a ganhar dinheiro, pode até não acontecer, pois nem todas as pessoas têm o perfil para esse tipo de atividade, mas é inegável que o sistema de marketing multinível traz muitas informações e gratuitamente que podem ser aplicadas em qualquer negócio tradicional, contribuindo em muito para o sucesso.

O GOL DE PLACA QUE O REI PELÉ AINDA PODERÁ FAZER

As pessoas de "sucesso" também erram! Lembro-me de quando o Pelé, o rei do futebol, aclamado por todos como o atleta do século, um grande influenciador no esporte, em especial o futebol, no Brasil e no mundo — devemos a ele muito da visibilidade que deu ao Brasil lá fora com seu futebol-arte —, ao marcar seu milésimo gol, dedicou-o ao cuidado com as criancinhas do Brasil; que gesto lindo, grandioso, marcante, mas houve a surpresa quando, por meio de um programa de televisão, em horário nobre, a manchete:

"A filha que Pelé nunca reconheceu".

Mistérios da mente humana.

Uma jovem mãe exemplar e aparentemente muito bem casada.

Poucos dias depois, a imprensa anunciava a prisão do filho do rei, o Edinho, por envolvimento com drogas. Vamos aos fatos:

Manchete: o desejo não atendido da filha do rei

Dias antes de morrer de câncer de mama, a vereadora santista Sandra Arantes do Nascimento manifestou a intenção de ver o pai, Pelé. O pedido foi relatado ao G1 pelo viúvo de Sandra, o pastor evangélico Oséas Felinto. Pelé não visitou a filha de 42 anos no leito. Não participou do velório. Não foi ao enterro. Preferiu mandar uma coroa de flores em nome das Empresas Pelé.

Quando Sandra expressou o desejo de encontrar o pai, com o qual tinha uma relação difícil, estava internada e consciente no Centro de Terapia Intensiva (CTI) do Hospital Beneficência Portuguesa, em Santos, a 85 km de São Paulo.

"Nesse momento, Dona Anizia Machado (mãe de Sandra) tomou uma atitude que nunca tomou, nunca pediu nada. Falou com a Lúcia, irmã de Pelé. A Lúcia disse que ia falar com ele", contou Oséas. O viúvo lembrou que uma assessora de Sandra também ligou para Pelé.

"Eu gostaria tanto de saber o que ele pensa", disse o pastor, enquanto se preparava, na sexta-feira (20), para viajar a Curitiba com os filhos. "É na capital paranaense que a família vai tentar se recuperar", informou Oséas.

Distância dolorosa

Uma batalha judicial que durou seis anos criou um abismo entre Pelé e Sandra. Em 1996, ela foi reconhecida como filha na Justiça, mas a relação continuou distante. A irmã de Pelé, Maria Lúcia do Nascimento Magalhães, afirma que eles só se encontraram duas vezes depois do fim do processo. O marido de Sandra ofereceu outra versão: pai e filha só teriam se visto nos tribunais mesmo.

Na quarta-feira (18/10/2006), durante o velório, a sobrinha do ex-jogador, Daniele Nascimento, disse que o tio ficou chateado com o fato de Sandra ter procurado a Justiça antes de ter se entendido com ele. Daniele relatou, ainda, que Pelé também teria se afastado por causa da repercussão que a imprensa deu ao caso na época.

Maria Lúcia, irmã de Pelé, disse que houve uma supervalorização da história e que há detalhes que passaram despercebidos. Ela chegou a dizer, durante o velório, que ele teria perdoado a filha pela forma como o processo foi conduzido e que uma aproximação entre os dois seria inevitável. De fato, nos últimos anos, houve aproximação entre Sandra e parte da família de Pelé. Sandra e o marido chegaram a participar de orações pela libertação do meio-irmão Edson C. dos Santos, o Edinho, preso por associação ao tráfico de drogas.

O caso de Pelé e Sandra foi o inverso, pois o pai não se aproximou da filha. Segundo a psicóloga, os bastidores da história são fundamentais para saber os motivos de o Rei do Futebol insistir em manter distância da filha mesmo após o exame de DNA. "Não sei o que pode ter acontecido para ele não assumir", diz Magdalena. "Acho que, àquela altura, ele não mancharia sua imagem se assumisse a filha. Também não sei que meandros a história teve. Ele é um cara muito inteligente, alguma razão deve ter tido, não me parece um gesto tão leviano", afirma.

Para a psicóloga e especialista em terapia familiar Ceneide Maria de Oliveira Cerveny, a luta pelo reconhecimento de paternidade foi a forma que Sandra encontrou para reconstruir sua identidade. "Quando um filho não conhece 50% de onde ele veio, é natural que viva em busca de suas raízes", disse Ceneide. "Na verdade, ela ganhou um pai na Justiça, mas não de fato", disse a psicóloga que escreveu um livro sobre problemas familiares, no qual o caso de Sandra é citado.

Procurado pelo G1, o ex-jogador não foi encontrado para falar sobre o assunto.

E eu gostaria de ressaltar: a filha rejeitada pelo pai, um instrumento de Deus, intercedendo pela libertação do meio-irmão acolhido envolvido com o tráfico de drogas.

"Sandra e o marido chegaram a participar de orações pela libertação do meio-irmão Edson C. dos Santos, o Edinho, preso por associação ao tráfico de drogas." Parece um contrassenso. Mas a Bíblia diz que Deus é pai dos órfãos e, ainda, o salmista diz:

Pai dos órfãos, defensor das viúvas; eis o que é Deus na sua santa morada. Aos rejeitados, Deus os recolhe em pátrio lar; faz os cativos serem libertos para a prosperidade; só os rebeldes permanecem em árida terra.

Salmo 68:5e6

"Cada um foi um pouquinho pai de Sandra", diz marido da vereadora.

O marido da vereadora Sandra Regina Arantes do Nascimento Felinto afirmou, nesta quarta-feira (18/10/2006), durante o velório da filha de Pelé, que "cada um foi um pouquinho pai de Sandra". Oséas Felinto, que é pastor de uma igreja evangélica, evitou criticar a ausência do ex-jogador no enterro da filha, morta na terça-feira por conta de complicações decorrentes de um câncer de mama.

Já o irmão de Oséas, José Felinto, criticou o fato de Pelé nunca ter conhecido Sandra, reconhecida pelo ex-jogador após decisão judicial em 1996. "Eu acho que ele perdeu uma grande chance de conviver com uma pessoa muito especial", disse o cunhado da vereadora.

Fonte: <G1.globo.com/noticias/São Paulo>

Sandra publicou um livro, em 1998, *A filha que o rei não quis*, no qual conta sua história, a batalha judicial para ser reconhecida e sua comovente expectativa de, um dia, aproximar-se do pai.

Faço esse registro sem nenhuma intenção de macular a imagem do rei Pelé, mas por entender que as pessoas com alto poder de influenciar outras devem ter mais cuidado com suas semeaduras do que as pessoas comuns.

Mas também penso que, ao reconhecer, ou se posicionar sobre os fatos, de forma clara e humilde, Pelé poderá contribuir de forma significativa para que tenhamos uma sociedade mais humana.

A meu ver, essa mácula na vida do rei Pelé, um ídolo para gerações, jamais será apagada, mas poderia ser amenizada se ele assumir que errou e aconselhar as pessoas a agirem de forma diferente.

Seria outro gol de placa, um gesto digno e majestoso que ainda poderá ser feito pelo notável rei Pelé.

Os influenciadores também cometem erros, por isso precisamos prestar atenção quando e o que devemos copiar, ou até aceitar a influência das pessoas, mesmo que sejam muito bem-sucedidas, depende muito de que isso não fira nossos próprios princípios e valores.

Para um rei que não nasceu príncipe, a majestade conquistada somente irá perdurar por meio de atos de nobreza.

SANDRA ARANTES DO NASCIMENTO.

Sucesso não é só ter dinheiro e fama, existem valores que são inegociáveis.

Quem vende virtude para comprar poder ou fama, terminará sua vida sem deixar uma herança digna para seus herdeiros.

PARTE VII

A PONTE

Hoje se assiste a uma massa crítica de pessoas que acreditam que vão ser os próximos Sílvio Santos, com o Baú da Felicidade, e vão sair distribuindo dinheiro para todo mundo.

É comum ouvirmos piadas sobre português burro, mas você chega nas melhores esquinas, os pontos comerciais mais bem localizados, quem é o dono? Um português burro, e um monte de brasileiros inteligentes trabalha para ele.

O Brasil está na frente em diversos pontos com relação à crise mundial. O português com aproximadamente 280 milhões de falantes, é, no "mundo lusófono" — que fala o português —, a quinta língua mais falada, e a terceira entre os ocidentais, atrás apenas do inglês e o castelhano. É a língua oficial de dez países e quatro continentes.

Temos o privilégio de aprender com as pessoas que sabem mais do que nós e aplicar uma forma de ajudar outras pessoas a mudarem suas vidas.

> *Tive o privilégio de conviver com pessoas muito melhores do que eu, o que contribuiu em muito para o sucesso de minhas metas e realização de meus projetos pessoais, às quais sou eternamente agradecido.*

Entre as inúmeras, cito algumas, menciono-as durante este livro e presto uma modesta homenagem no final desta obra, o que faço como dever de justiça.

O SEU NEGÓCIO OU O NEGÓCIO DA SUA EMPRESA

PROCURAR TRABALHAR NO QUE GOSTA E COM AS PESSOAS certas é muito importante, e não simplesmente a empresa certa para trabalhar.

Veja como a criatividade em um sistema de trabalho pode ajudar a separar-se da multidão, vamos estudar um bom exemplo de sistema de negócios de sucesso: a McDonald's.

Ray Kroc, o criador do franchising da McDonald's, era um gênio em muitos aspectos. Eis algumas coisas que talvez ainda não se tenha percebido acerca de Ray, da McDonald's e do seu negócio:

A primeira missão de Ray era vender o franchising da McDonald's a interessados em ter um franchising de venda de hambúrgueres.

Mais franchising igual a mais hambúrgueres vendidos. Simples.

Aqui vai a parte interessante de tudo isso... A comida da McDonald's, na opinião de muitas pessoas, está longe de ser a melhor, mais fresca e nutricionalmente equilibrada a que se consegue ter acesso. No entanto, creio que seja o maior e mais bem-sucedido franchising de fast-food da história da humanidade.

Como isso é possível? Como pode ser o número um vendendo um produto inferior? Vai contra tudo aquilo que pensamos acerca dos negócios. É aqui que o gênio de Ray Kroc se torna evidente... Ray sabia que o produto não ia ser a chave inicial para o sucesso dos seus franqueados.

Ter um produto ou serviço de qualidade superior só é importante depois de ter clientes que os queiram comprar.

Então, o importante é fornecer aos seus clientes exatamente aquilo que eles querem e esperam.

A chave do sucesso da McDonald's junto dos seus franqueados e dos seus clientes é o seu sistema duplicável.

Ray sabia que a sua comida não podia competir com a qualidade de outros franchising e restaurantes. Ele também sabia que os potenciais franqueados não estavam interessados na McDonald's ou em seus hambúrgueres. O que eles queriam mesmo era ganhar dinheiro.

Então, Ray vendeu-lhes exatamente o que eles queriam. Não era um restaurante, mas uma máquina bem oleosa que iria trazer muitos clientes e transformá-los em dinheiro.

Ray não lhes vendia comida, mas, sim, um sistema.

De fato, o sistema está tão bem montado e tão bem afinado, que pode pegar um grupo de estudantes sem experiência e sem grandes aptidões e colocá-los para reger a banda. Tudo o que eles fazem é ligar os interruptores que ligam a máquina e ela faz todo o trabalho nos bastidores.

A concorrência não teve qualquer chance. O sistema de Ray estava bem montado. Você o liga e ele dá um resultado previsível todas as vezes.

Os franqueados começaram a comprar e a montar dessas "máquinas" por todo o lado. Em pouco tempo, eram milhares; compravam a "máquina", ligavam-na e saía dinheiro do outro lado. É por isso que eles compravam a franquia da McDonald's e a sua comida inferior em vez de outro franchising.

À medida que essas "máquinas" se espalhavam por todos os Estados Unidos e outras partes do mundo, o produto final tornou-se mais do que comida. Tornou-se uma experiência agradavelmente previsível e uma atmosfera própria dada pela "máquina mágica" de Ray.

E é *isso* que a McDonald's providencia melhor do que qualquer outra marca, a volta ao mundo. *Esse* é o seu verdadeiro produto para o consumidor final.

Sou muito voltado à alimentação tradicional, mas, em uma viagem que fiz à Espanha, Itália e Israel, em várias situações, era comum as pessoas indicarem McDonald's para fazermos o lanche da noite. Na realidade, você vai à McDonald's porque sabe exatamente o que esperar, independentemente do país em que esteja, e isso é confortável para as pessoas.

Iniciei este livro apenas pensando em retribuir às pessoas que foram importantes em minha vida, mas percebi que, como network marketing, precisaria trazer alguma informação que possa ser duplicada e que seja útil a todos os leitores e potenciais duplicadores desta informação, com propósito de gerar, assim, uma corrente do bem, em um ciclo virtuoso de ações.

Percebi que as pessoas ficam ricas neste mundo quando conseguem resolver os problemas dos outros e, quando olhamos só para o nosso próprio umbigo, não resolvemos nem os nossos problemas e, muitas vezes, criamos outros maiores para as pessoas que nos cercam.

Este livro tem o propósito de enriquecer muitas pessoas, não com o vil metal, que aproveitamos por pouco tempo, mas com bens duradouros e que farão a diferença para as gerações seguintes.

A INTERNET COMO SISTEMA DE DESENVOLVIMENTO

O MUNDO ESTÁ MUDANDO. HOJE, A GRANDE MUDANÇA É A velocidade das mudanças. Muitas pessoas dizem que estão em crise; essa crise pessoal deve-se, sobretudo, à dificuldade de adaptação à velocidade das mudanças.

Quem conseguir perceber mais cedo as mudanças e tiver a flexibilidade e os meios para reagir a elas, mais facilmente conseguirá adaptar-se e até tirar vantagem dessas mudanças.

Quem está hoje no topo do mundo dos negócios pode não estar amanhã. Viver à sombra de conquistas passadas pode ser uma má política, pois, se não estiver atento e interpretar as mudanças, pode ficar no final da lista em pouco tempo.

Muitas pessoas tentam resolver problemas novos propondo soluções antigas. Hoje, o mundo tem novos desafios, mas com eles vêm também as novas oportunidades.

Crise é sinônimo de oportunidade. Em tempo de crise, enquanto uns choram, outros vendem lenços.

Acredito que os tempos que vivemos são desafiantes, sem dúvida, mas realmente fantásticos e com oportunidades incríveis.

Essa é a época das facilidades, no entanto, requer que cada vez mais estejamos atentos, constantemente estudando e aprendendo; quanto mais soubermos sobre a nossa atividade, mais valor temos para o mercado, mais facilmente poderemos fornecer soluções adaptadas às novas realidades e mais facilmente atingiremos nossos objetivos.

Ainda que os princípios que orientam o comércio, "que é o dinheiro", não tenham mudado ao longo das últimas décadas, a forma como se desenvolvem os negócios tem mudado muito, especialmente desde que a internet é uma realidade generalizada; neste momento, assistimos a uma verdadeira revolução nos métodos de desenvolver relacionamentos, sejam comerciais ou não.

FAZER OU COMPRAR FEITO

Muitas pessoas preferem comprar informação de como fazer, do que investir tempo aprendendo a fazer sozinhas; isso, de alguma forma, alivia-lhes a consciência. É a lei do menor esforço. Muitos, depois, nem leem as informações que compraram e, consequentemente, nunca vão colocar nada em prática.

Vender informação de "como fazer" as coisas é o que muitos professores, palestrantes e escritores fazem, mas só fará diferença em sua vida se colocar as informações em prática.

Quanto você acha que vale uma moeda de ouro no fundo do oceano? Nada! Ninguém vai lá buscá-la.

Quando você repassa informação, é como se estivesse lustrando sua moeda de ouro – o conhecimento –, o brilho é inevitável.

Isso faz com que a iniciativa de promover você como fonte de conhecimento seja das pessoas, e não sua. Isso eleva seu *status* perante esse comprador e lhe dá mais credibilidade.

Qualquer negócio, hoje em dia, precisa de publicidade. E se você quer tornar públicas as suas credenciais, o que eleva o seu valor para o mercado, não se esqueça de **agradecer** às pessoas que lhe credenciaram.

É exatamente essa a intenção deste livro. Não penso que seja justo usufruir de tantas coisas boas que recebi de inúmeras pessoas e não parar um pouco nesta caminhada para agradecê-las.

AGRADEÇA PELA VIDA

O QUE DESCOBRI É QUE, NA VIDA, PODEMOS SER O CAÇADOR ou a **caça**.

Tem uma paródia, que talvez você até já conheça, porque é bastante popular. A do leão e a garça.

É mais ou menos assim:

Um final de semana, dia ensolarado. Uma garça acorda, olha para o tempo e diz:

— Hoje é feriado, vou dormir até mais tarde.

No mesmo dia, domingo ensolarado, um leão acorda, olha para o tempo e diz:

— Hoje é feriado, tem gente dormindo até mais tarde e eu estou com fome. Vou preparar o meu almoço mais cedo e poderei descansar à tarde.

Quando percebe a presença do leão, a garça sai desesperada a correr.

O leão, quando vê a garça, também se põe a correr para garantir o seu almoço.

Na realidade, a vida é assim. Alguns estão correndo cedo para sobreviver; outros, para garantir o almoço. Tudo é sobrevivência.

Moral da história: não importa se você é garça ou leão, o que tem que fazer é continuar correndo.

Se escolher ser leão, comece mais cedo, porque se escolher ser garça, poderá ter que viver a vida toda fugindo do leão.

Meus pais sempre disseram que, se quisesse ter sucesso, precisava estudar, e estudar muito. Em parte, eu concordo. O que nos faltou dizer foi estudar o quê.

Hoje, penso que, melhor do que ter uma boa faculdade, é saber aplicar os conhecimentos, de preferência nas oportunidades certas.

Sorte é nada mais do que o encontro do preparo com a oportunidade.

Você pode escolher ser "garça" ou "leão" e pode ter sucesso. Tudo é uma questão de visão e atitude.

Uma pergunta óbvia, mas pertinente: "O que faz uma pessoa ser motivadora para as outras?".

Por que as pessoas correm atrás das celebridades e das estrelas? Por que as pessoas se tornam famosas? Por que é que se colocar dez pessoas totalmente estranhas entre elas, em alguns minutos, um líder surgirá e as outras começarão a segui-lo? Por que é que algumas pessoas têm a "facilidade" de construir relacionamentos relativamente em pouco tempo sem, aparentemente, grande trabalho e outras não?

A resposta, a meu ver, está na atitude de reconhecimento da importância das pessoas que nos cercam. Isso não é fácil, a tendência das pessoas é, normalmente, procurar falar de si mesmas, suas conquistas, seus anseios. Essa é uma predisposição natural, mas, se nos esforçarmos um pouco, conseguimos, basta perceber a importância disso.

Trabalhamos no ramo de produtos naturais e suplemento alimentar. Depois de um tempo, resolvi investir em profissionalizar nosso atendimento patrocinando em uma consulta a um nutricionista ou terapeuta para os clientes que não sabiam o que comprar.

O profissional recomenda-lhes que façam algumas mudanças no seu estilo de vida, pratiquem exercícios físicos, percam peso e, muitas vezes, não lhes recomenda nenhum tipo de produto; mas essas pessoas, como por magia, vêm correndo fazer suas compras em nossa loja. O que mudou?

Simples, elas reconhecem o cuidado com o seu bem-estar, e não apenas uma publicidade paga para vender-lhes algo que elas não precisam comprar. Essas pessoas tornam-se clientes fiéis e passam a indicar nossa loja para dezenas de outros clientes, o que fez com que ampliássemos a loja em mais de dez vezes em doze anos.

A palavra de um especialista tem muito peso. Cada vez que a televisão apresenta um programa especial sobre cuidados com a saúde, alimentação, suplemento alimentar, ervas medicinais, as lojas de produtos naturais aumentam seu faturamento, pois há filas de pessoas querendo comprar os mesmos produtos que antes se dizia que não serviam para nada.

Observe que determinadas pessoas começam a ser reconhecidas em uma área específica como especialistas e, a partir daí, cria-se uma bola de neve que as torna referência para todos quando se trata daquele assunto específico.

Essas pessoas que são reconhecidas como especialistas têm, muitas vezes, listas de espera de clientes que querem os serviços delas, e não de outras, e normalmente o preço cobrado por esse especialista é bem maior do que o do concorrente.

É muito comum vermos dois restaurantes, um ao lado do outro: um tem fila de espera e outro, não. As pessoas chegam e vão para o que tem fila de espera e o outro continua vazio, entregue às moscas. Normalmente, o raciocínio que todos fazem é: se este tem fila, é porque é melhor do que o outro.

Para conseguir isso, o que se deve fazer é parar de promover uma empresa ou produto e passar a promover as pessoas de seu relacionamento e você mesmo.

Não adianta dizer que você é o maior, que é o guru de determinado assunto. Dizer que é muito bom em determinado assunto cai mal e tem pouco ou nenhum valor, aliás, pode até ter o efeito contrário.

Ser motivador não tem nada a ver com ser bom cantor, ter um corpo espetacular, ser bonito, saber representar ou ter uma habilidade específica. Para ser motivador para as pessoas, em primeiro lugar, você precisa se interessar por elas; em segundo lugar, tem de saber mais do que elas sobre um determinado assunto. Então, o que tem que fazer é trabalhar em si próprio, por meio do estudo e do conhecimento.

Coloque esse conhecimento em ação, em seguida, passeo-o para os outros, comece a ajudá-los a terem o mesmo sucesso que você tem.

Uma das formas de fazer isso é escrever um livro e conseguir que seja publicado, mas, isso, muitas pessoas têm como uma tarefa difícil e complexa. Será? Nem tanto!

Nos dias de hoje, essa tarefa de difundir o conhecimento está muito simplificada. Pela primeira vez na história da humanidade, a difusão do conhecimento sofreu uma mudança espetacular e radical graças à internet.

Qualquer pessoa pode fazer um vídeo com o próprio celular ou uma webcam, colocar no YouTube e, em cinco minutos, tem um canal de televisão privado 24 horas por dia, sete dias por semana, 365 dias por ano, divulgando você e seu conhecimento. Isso é incrível!

Muitos blogs têm todos os meios para que possamos nos publicar e publicar os nossos produtos ou serviços.

Depois de dominar essas técnicas, se conseguir realmente ajudar outras pessoas, o seu nível de motivar pessoas dispara.

Esses são fatos lógicos, provados e comprovados. Mesmo assim, a ignorância nessa matéria é tal que, quem tiver essa informação, tem um poder de motivação imenso. Já é velho o ditado "Em terra de cego, quem tem um olho é rei".

Outra forma de elevar o seu *status* perante as pessoas é propor ações que consigam resolver os principais problemas delas. Você consegue isso estando associado a pessoas especialistas. O seu "status" eleva-se automaticamente. Foi o que fizemos no caso da loja de produtos naturais.

Algumas pessoas, quando se referem a determinados líderes, dizem que são amigas deles. Todos querem ser amigos, todos se dizem amigos de determinados líderes, pois sabem que a sua associação com eles vai beneficiá-los.

Uma das formas de obter uma associação com esses líderes é reconhecer sua **influência e agradecer**. Se possível, peça para lhe fazer uma entrevista e grave essa entrevista. Para esse líder, é ótimo, pois aumenta o seu reconhecimento como um líder no setor, uma pessoa que fez bem a outra; para você, é ótimo, pois consegue uma associação imediata com os líderes.

Imagine uma foto com Sílvio Santos. O que uma foto dessas fará por você e pela sua credibilidade? Conseguir publicidade grátis na televisão, jornais ou rádio é muito mais simples do que se possa imaginar.

Quando eu trabalhava como representante de uma distribuidora de produtos naturais, abrir clientes novos, especialmente supermercados, com produtos supérfluos, qualquer vendedor sabe que é missão encardida. Mas eu precisava vender, e só se vende algum produto se ele estiver na prateleira. O problema é que qualquer empresa quer saber o retorno financeiro que esse precioso espaço vai lhe dar com aquele produto, o que é plenamente aceitável. Mas como mostrar estatística de venda que não se tem?

A forma mais convincente que encontrei foi falar do resultado que o concorrente dele estava tendo, logicamente, procurando ser verdadeiro.

Uma boa relação comercial inicia-se pelo benefício e se perpetua pela confiança.

Em alguns casos, até cheguei a pedir ao cliente para usá-lo como referência. Nunca recebi um "não". O cliente não estava interessado em comprar meu produto, mas preocupado em não ficar atrás do concorrente.

Procure identificar, resolva o problema de alguém e peça para essa pessoa um testemunho sobre você e sobre seus produtos ou serviço, isso é a melhor publicidade de todas. Deixe que sejam os outros a reconhecê-lo como parte da solução em uma determinada área, e não que seja você a dizê-lo.

Pode ser algo muito simples, mas saiba: alguém precisa dessa informação. Ex.: uma receita caseira, uma experiência do campo, na empresa; se você é construtor, procure registrar em fotos o serviço concluído, peça um relatório do dono da obra após a conclusão, qualquer informação que considere relevante é importante registrar.

À medida que as pessoas vão conhecendo-o a partir dos seus blogs e dos seus filmes e percebem que o seu conteúdo faz sentido e que sabe do que está falando, o seu destaque entre a multidão começa a ser cada vez maior.

Qualquer dia, você vai estar em uma foto com o Sílvio Santos e todos que virem vão perguntar: "Quem é aquele ao lado do Sílvio Santos?". Que tal?!

Aproxime-se das pessoas dando uma solução para os problemas que têm, sem pressões, dando-lhes um serviço, ajudando-as.

Minha esposa Vera é terapeuta, especializou-se em iridologia, fitoterapia e dedica-se em orientar aos clientes alguns cuidados para preservar a saúde.

Resultado é que as vendas em nossa loja cresceram em mais de 30% e vários clientes passaram a indicar novos clientes alegando os resultados do atendimento diferenciado, feito por uma especialista.

Enquanto isso, um colega "concorrente" que me deu várias dicas de como trabalhar nesse ramo, tinha duas lojas nas proximidades, mais de quinze anos de experiência, uma clientela formada, fechou as duas lojas e mudou de ramo.

Com certeza, não foi porque abrimos a nossa loja, até porque sempre mantivemos um espírito de cooperação e somos bons amigos.

Então você já percebeu que, para ter sucesso, tem que aprender, tem que buscar um valor agregado que acrescente para o mercado.

Todas as pessoas têm informações úteis. Um dos problemas é saber quem precisa ou quer essas informações.

Sair procurando pessoas para presentear?

Isso mesmo, você não estará vendendo nada, e sim dando informação *gratuita* para as pessoas. Só para que você acompanhe meu raciocínio, é exatamente isso que a TV aberta faz. Dá informação e entretenimento "de graça" para as pessoas; de graça, entre aspas, porque pagamos, e pagamos caro, pois as empresas pagam caro pela publicidade, nós compramos os produtos anunciados e, tenha certeza, todo esse custo está embutido.

Não me lembro de conhecer nenhum dono de canal de televisão que ficou pobre por ter dado programação grátis aos seus telespectadores.

O mais impressionante é que essas pessoas não têm absolutamente nada de informação própria. Tudo é feito por outras pessoas. Ex.: notícias, histórias, filmes, novelas, etc.

Outro exemplo que conheço é de uma rede de supermercado que criou uma revista mensal com distribuição *gratuita*, na qual há muitas receitas, dicas de alimentação e outros assuntos de interesse geral, resumo... Muitas pessoas vão ao supermercado às vezes apenas para pegar a revista e acabam virando clientes em potencial.

Quando você ajuda alguém dando-lhe alguma informação útil, se, eventualmente, estiver satisfeita com a sua ajuda, mesmo inconscientemente, essa pessoa acaba reconhecendo você como alguém com capacidades de liderança, irá aproximar-se e poderá até unir-se a você fazendo sua propaganda positiva

Se optar por ajudar verdadeiramente outras pessoas, independentemente de elas serem suas clientes ou não e lhes provar que sabe o que faz, que tem uma linguagem diferente dos outros, que realmente não faz o trivial, mais facilmente essas pessoas podem sentir-se atraídas pelo que tem a oferecer, o seu melhor produto: *você*.

Seja o seu melhor produto, e não o que 99% das outras pessoas fazem. Para vender o que as pessoas muitas vezes não querem comprar, falam horas da empresa delas, que tem os melhores produtos e serviços, é uma empresa séria, que o produto está no meio da Amazônia e a empresa comprou toda a produção mundial dessa substância, sendo elas as únicas no mundo a ter um produto com essa substância. Ou que agora o produto, em vez de ser líquido, é em cápsulas ou barras... E *blá, blá, blá,* etc.

Prove às pessoas que você tem as soluções disponíveis para elas resolverem os seus problemas, prove que sabe onde quer chegar, que usa as ferramentas mais avançadas no mercado, que deseja vê-las bem-sucedidas.

"Venda" a sua especialidade, sua história, sua experiência, seu sistema de trabalho; "venda" seus conhecimentos, crie confiança. Já vimos anteriormente que a televisão e outros na própria internet fazem isso.

Não estamos reinventando a roda, só estamos fazendo-a girar para que nos leve na direção que queremos ir.

As pessoas ficam sempre muito motivadas com alguém que tem esse tipo de abordagem e, claro, você tem que procurar corresponder às expectativas.

Hoje, para ter sucesso, é preciso investir em você. Se tem pouco dinheiro para isso:

Em vez de comprar um peixe, compre um anzol. O universo é abundante, feito para todo mundo ganhar.

O nome do jogo mudou. Algum "profissional" de marketing pode dizer que isso é loucura, que não funciona, mas é só olhar para a história recente do gari Renato Sorriso, do Rio de Janeiro, que virou celebridade. Seu destaque não é o de ser gari, mas, sim, sua simpatia, e creio que ele tenha ganhado muito mais dinheiro fazendo publicidade de cerveja do que como gari.

Saiba um pouco sobre essa história fantástica no site <www.agradecidos.com.br/blog>.

Há três tipos de pessoas:
Aquelas que fazem as coisas acontecerem;
Aquelas que observam as coisas acontecerem;
E aquelas que não têm a menor ideia do que aconteceu.
Qual delas se parece com você?

COMO DIVULGAR A SI MESMO

Ao promover seus conhecimentos, estará criando uma posição de especialista no mercado, as pessoas vão prestar mais atenção em você e, consequentemente, vai aumentar o seu valor no mercado.

Você pode até pensar que não tem jeito para escrever, e compreendo-o perfeitamente, mas, saiba de uma coisa, eu também não, e quando escrevi o livro *Otimista de sucesso*, fui várias vezes a uma amiga, a psicóloga Solange Galdino, uma pessoa fantástica, e busquei várias vezes conselhos. Uma das razões é porque pensei que estava fazendo outra bobagem e iria jogar dinheiro fora, o que eu nem tinha.

Lembro-me de que uma das frases que me fizeram levar o livro imediatamente para a gráfica foi a seguinte:

> Não queira fazer o primeiro com perfeição, você terá outras oportunidades de fazer outros melhores se fizer o primeiro.
>
> SOLANGE GALDINO

Isso foi como se me jogasse em cima de um cavalo arreado e ele saísse galopando. A minha única opção era ir em frente.

Estou aqui, escrevendo mais um, o terceiro livro. Se eu estivesse buscando a perfeição, você não o estaria lendo.

Descobri que o jeito para escrever aparece naturalmente quando se domina determinado assunto. Quando estudar um determinado assunto e conseguir falar dele naturalmente com os seus amigos, o que tem a fazer a seguir é passar isso para o papel; não há problema caso não tenha a melhor linguagem, pouco importa. Deixe isso para os escritores, você não precisa ser um bom escritor, precisa ser um bom especialista e dominar o assunto referente ao que está transmitindo, basta, no início, referir que o seu cuidado não é escrever muito bem, mas, sim, transmitir seus conhecimentos da melhor forma.

Se eu estivesse preocupado com isso, não teria escrito uma única linha de nenhum livro. Sei que minha forma de escrever é tão pobre que qualquer intelectual da literatura (se chegar até esta altura da leitura) ficaria escandalizado, com tantas atrocidades cometidas contra a língua portuguesa, em especial agora com essas alterações ortográficas.

O mais importante é conseguir transmitir a mensagem. Com o tempo, a forma como o faz vai melhorando. Então comece! Sem começar não pode melhorar.

Vejo a maioria das pessoas com uma atitude de menor esforço, são capazes de fazer uma montanha de especializações, cursos noturnos um atrás do outro para não perder o emprego e, quando começam um negócio por conta própria, não conseguem ter esse tipo de iniciativa. E estamos falando do negócio próprio!

Mistérios da mente humana.

Recomendo, inclusive, o curso "Aprender a empreender" e muitos outros disponibilizados pelo Sebrae gratuitamente. É uma ferramenta fantástica para qualquer tipo de negócio que queira empreender. Inclusive, pode ser feito on-line através dos links:

<www.agradecidos.com.br/blog/cursos>

<https://www.ead.sebrae.com.br/cursos/aprender-a-empreender>.

A forma mais rápida de ser motivador é saber mais do que outras pessoas algum assunto, pois elas estão cansadas de andar sem rumo. Há muitos cegos guiando outros cegos.

Quando aparece uma pessoa que sabe para onde vai, sabe como ir, atrai muitas pessoas, motivando-as a segui-la.

A forma mais rápida de se tornar um líder é adquirir conhecimento e colocar esse conhecimento a serviço das outras pessoas. Sirva primeiro. Quanto mais der, mais recebe em troca.

Dom de
Adquirir
Riquezas

Lembre-se da história do mar Morto; quem não dá não recebe, morre.

A propósito, você sabe por que o mar Morto recebe esse nome?

OS DOIS MARES

Na Palestina, existem dois mares. Um é doce, e em suas águas abundam os peixes; bosques e jardins enfeitam suas margens. As árvores estendem sobre ele e seus ramos avançam suas raízes sedentas para beber as águas saudáveis. Em suas praias, as crianças brincam como faziam quando Jesus ali estava. Ele amava esse mar.

As cristalinas águas de um braço do rio Jordão formam esse mar, as pessoas fazem suas casas perto dele, os pássaros fazem seus ninhos, e tudo que ali vive é feliz só por estar às suas margens. O rio Jordão desemboca ao sul em outro mar. Ali, não há movimento de peixes, nem canto de pássaros, nem risos de crianças.

Uma atmosfera densa paira sobre as águas desse mar que nem o homem, nem animais, nem as aves bebem jamais.

A que se deve essa enorme diferença entre dois mares vizinhos? Não se deve ao rio Jordão; tão boa é a água que lança num como no outro. Também não se deve ao solo que lhes serve de leito e nem às terras que os circundam.

A diferença se deve ao fato de o mar da Galileia receber as águas do Rio Jordão e não retê-las ou conservá-las em seu poder. Para cada gota que entra, sai outra. O dar e receber se cumprem ali em idêntica medida. O outro mar é avarento e retém com ciúmes o que recebe.

Cada gota que ali cai, ali permanece. O mar da Galileia dá e vive. O outro não dá nada. Chama-se mar Morto.

Que não sejamos como o mar Morto, retendo tudo sem dividir nada, mas assim como o mar da Galileia, possamos dar e receber, então haverá vida e alegria em nossos corações.

O mar da Galileia também é conhecido, no Antigo Testamento, como o mar de Kinneret ou lago de Tiberíades. Às margens do mar da Galileia é que se estendiam as cidades de Magdala,

Cafarnaum, Tiberíades e Betsaida, onde os Evangelhos registram a atuação de Jesus, em seu ministério entre os homens.

Tive o privilégio de estar no Rio Jordão, de andar às margens do mar da Galileia e também pude adentrar as águas salgadas do mar Morto, onde não se pode nem sequer dar um mergulho, até porque a gente fica boiando naturalmente, é surpreendente.

Lidere por ensinar, e não por limitar o acesso à informação. Os ditadores é que faziam isso no passado e a coisa não resultou lá muito bem, como sabemos.

Bem, confesso que estou muito entusiasmado com a ideia de que, assim como aprendi gratuitamente com pessoas, que são muito melhores do que eu, também me sinto no dever de justiça de repassar essas informações.

Por essa razão, se você acha que valeram a pena essas informações, integre-se a essa corrente do bem, indique este livro para outras pessoas, e saiba que parte do valor pago por este livro é destinado a projetos sociais, o restante é para custear minhas despesas levando a mensagem do bem aonde for possível.

Estaremos promovendo viagens de turismo social e você poderá integrar essa caravana do bem para Moçambique, África, e outros destinos.

Entre em nosso site e cadastre-se: www.agradecidos.com.br.

Sucesso é construir bons relacionamentos, como uma ponte, em que as pessoas possam passar e estar do seu lado.

Como podemos construir essa ponte?

Alimentando-nos de atitudes positivas;
Perseverando até alcançar o êxito;
Oferecendo nossos serviços, sendo úteis ao próximo;
Neutralizando as objeções e apontando as soluções;
Tirando do vocabulário palavras, como *desistir*, *jamais* ou *impossível*;
Estendendo os relacionamentos sendo amáveis e receptivos às pessoas.

A PONTE

Dois irmãos que moravam em fazendas vizinhas, separadas apenas por um riacho, entraram em conflito.

O que começou com um pequeno mal-entendido explodiu em uma troca de palavras ríspidas, seguidas por semanas de total silêncio.

Em uma manhã, o irmão mais velho ouviu baterem à sua porta.

— Estou procurando trabalho. Sou carpinteiro. Talvez você tenha algum serviço para mim.

— Sim — disse o fazendeiro. — Claro! Vê aquela fazenda ali, além do riacho? É do meu irmão mais novo. Nós brigamos e não posso mais suportá-lo. Está vendo aquela pilha de madeira ali no celeiro? Pois a use para construir uma cerca bem alta.

— Acho que entendo a situação — disse o carpinteiro. — Mostre-me onde estão a pá e os pregos.

O irmão mais velho entregou o material e foi para a cidade.

O homem ficou ali, trabalhando o dia inteiro.

Quando o fazendeiro chegou, não acreditou no que viu: em vez da cerca, uma ponte foi construída, ligando as duas margens do riacho. Era um belo trabalho, mas o fazendeiro ficou enfurecido:

— Você foi muito atrevido construindo essa ponte depois de tudo que lhe contei!

Mas, ao olhar novamente para a ponte, viu seu irmão se aproximando de braços abertos. Porém, permaneceu imóvel do seu lado do rio. O irmão mais novo, então, falou:

— Você realmente foi muito amigo construindo esta ponte mesmo depois do que eu lhe disse.

De repente, o irmão mais velho correu na direção do outro e abraçaram-se no meio da ponte.

O carpinteiro começou a fechar a sua caixa de ferramentas.

— Espere, fique conosco! Tenho outros trabalhos para você!

E o carpinteiro respondeu:

— Eu agradeço, mas tenho outras pontes a construir...

Como as coisas seriam mais fáceis se parássemos de construir cercas e construíssemos pontes com nossos semelhantes.

Muitas vezes, desistimos de quem amamos por causa de mágoas e mal-entendidos. Deixemos isso de lado. Ninguém é perfeito, mas alguém precisa dar o primeiro passo.

Autor desconhecido

CONCLUSÃO

O FUTURO ESTÁ EM NOSSAS MÃOS, SOMOS OS ÚNICOS RESPONSÁVEIS por fazer dele aquilo que queremos.

Não existem soluções mágicas nem alguém que nos leve no colo até o sucesso.

Espero que essas modestas informações possam dar uma contribuição nessa caminhada que *você* precisa fazer até alcançar o seu sucesso.

Muitas das informações que estou passando não são minhas propriamente ditas, mas disponibilizadas por muitas pessoas com as quais tenho convivido, pelas quais tenho enorme carinho, e também pelas pessoas que participam neste livro, estarei me dedicando ao máximo para adquirir mais conhecimento e repassá-lo como investimento em você, para torná-lo cada vez melhor.

Sem dúvida nenhuma que o seu feedback é muito importante para mim, aliás, é com todas as opiniões e sugestões que podemos evoluir a cada dia. Não tenho sequer a pretensão de saber tudo, muito menos de ser o detentor de alguma verdade absoluta sobre um determinado assunto.

Sei que quanto mais promovermos a interação entre as pessoas com os mesmos interesses, mais podemos aprender uns com os outros.

Tenha certeza de que estou muito motivado e desejoso de poder aprender com você, como tenho aprendido com muitas pessoas. Gostaria de conhecê-lo e de receber suas informações. Para isso, pode ir ao nosso blog e deixar seu comentário/sugestão/apreciação em: <www.agradecidos.com.br/blog>.

Mesmo que nunca venhamos a nos conhecer pessoalmente, que eu não saiba a cor de sua pele, seu cabelo, seus olhos, seus sonhos e frustrações, de uma coisa eu tenho certeza: você é uma pessoa ímpar, exclusiva e diferenciada, criada com qualidades inimagináveis, dotada da capacidade de um campeão.

Não deixe que as vicissitudes da vida afastem você do seu propósito, da sua missão, dos seus sonhos.

Deus tem um sonho para este mundo. Você faz parte desse sonho, como uma pequena peça de um relógio ou de um automóvel, você tem um papel que é diferente de todos os outros. Pode ser grande ou pequeno o seu papel, mas cada um é importante. Deus lhe deu uma vida repleta de possibilidades e, a cada dia, uma nova chance, por esse motivo o dia de hoje se chama "presente".

Você pode receber cada dia como um presente ou como um problema, é uma questão de percepção, mas, mesmo assim, continuará sendo o "presente".

O GRANDE JOALHEIRO

HÁ MUITO TEMPO, UM JOVEM QUE VIVIA DESANIMADO DIRIGIU-SE ao seu professor, dizendo:

— Me sinto tão fraco, que não tenho forças para fazer nada. Dizem até que não sirvo para nada, que não faço nada certo. O que posso fazer para que me valorizem mais?

E o sábio professor tirou um anel que estava usando e deu ao garoto, dizendo:

— Tente vender este anel pelo máximo possível, mas não aceite menos do que uma moeda de ouro.

O jovem pegou o anel e partiu.

Ofereceu-o a algumas pessoas, que olhavam com algum interesse, mas, quando o jovem mencionava a moeda de ouro, alguns riam, outros saíam sem ao menos olhar para ele. Abatido pelo fracasso, resolveu voltar.

E, diante do seu professor, disse:

— Sinto muito, mas é impossível conseguir o que pediu pelo anel.

E o professor disse:

— Devemos saber, então, quanto vale. Vá até o joalheiro, diga-lhe que quer vender o anel e pergunte quanto ele dá, mas não importa o quanto ele lhe ofereça, não o venda... Volte aqui com o anel.

O joalheiro examinou o anel, pesou e disse:

— Agora não posso dar mais do que 58 moedas de ouro por este anel.

— CINQUENTA E OITO MOEDAS DE OURO!!! — exclamou o jovem.

— Sim — disse o joalheiro —, mas, se não for urgente, eu posso oferecer até setenta moedas de ouro.

Então o jovem pegou o anel e voltou emocionado à escola para contar ao professor.

Depois de ouvir tudo o que o jovem lhe contou, o professor disse:

— Somos como esse anel, uma joia valiosa e única, e ninguém, além do Grande Joalheiro, nosso Deus e Pai, que deu seu filho Jesus por amor a nós, sabe o nosso real valor!

Todas as pessoas com que nos relacionamos têm direta ou indiretamente influência sobre nossas vidas, alterando nossas escolhas e nossos resultados.

Se soubermos escolher as influências, com certeza, nossos resultados serão positivos.

Na vida, recebemos muitas sementes, cabe a nós escolhermos qual devemos plantar, porque a semeadura é livre, mas a colheita é obrigatória.

A todos que semearam muita coisa boa em minha vida, sou eternamente agradecido.

Que esse material sirva para clarear seu passado, orientar seu presente e preparar seu futuro.

Que contribua para que tenhamos um vencedor a mais.

O homem que deseja realmente fazer alguma coisa sempre encontra um caminho. Se não encontrar, abre o seu.

Um forte abraço. Com minha eterna *gratidão* e votos de grandes realizações.

Gervásio Soares de Matos
<gervasiosmatos@gmail.com>

Depoimentos

Numa tarde chuvosa, estava eu estudando meus processos quando, inesperadamente, recebo um telefonema de minha assessora perguntando se eu conhecia algum Gervásio e começou a explicar quem era. Imediatamente sem que ela ainda tivesse iniciado a descrição, me veio à mente aquele menino simples, carismático, que trabalhou no Cartório de meu pai, cuja companhia era agradável, leve e cativante. Lembrei-me do instinto materno de proteção que ele havia despertado em mim. Uma alegria gostosa, uma terna nostalgia levou-me àquele tempo tão distante que naquele momento retornava de forma tão nítida. Era mesmo o Gervásio, aquele menino curioso, atento, que absorvia todo tipo de conselho, de orientação, ávido para conhecer e aprender cada vez mais. As suas lembranças encontravam eco nas minhas, que estavam lá escondidas em algum lugar da minha mente, mas que agora afloravam tão rápida e espontaneamente como se jamais tivessem ficado despercebidas. E as duas passagens que ele conta em seu livro, a festa de aniversário surpresa e sobre sua letra, só me comprovaram que ele realmente era um menino especial, que conseguiu fazer de sua vida um aprendizado constante e que o coração grato potencializa o bem disseminando-o ao redor. Como disse a você, Gervásio, você fez a diferença! Você é o especial de toda sua história! Muito obrigada, pelo bem que me fez!

Des. Dra. Nair Maria Lunardelli
Desembargadora – Curitiba-PR

É, PARA MIM, UMA GRANDE HONRA FALAR DESTE NOBRE amigo, escritor Gervásio. Nos conhecemos em Santa Maria, RS, em Janeiro de 1987, quando fui cumprir uma missão no 4º B. Log, onde ele servia.

Desde então, pude perceber que sua fala, sua atitude, sua postura e seu caráter eram de uma pessoa do bem que demonstrava grande confiança em Deus.

Em nenhum momento este amigo deixava de acreditar nos seus sonhos, e tudo que fazia procurava sempre a excelência.

Foi presidente da UMCEB, (União de Militares Cristão Evangélicos do Brasil), em Santa Maria; eu atuava como diretor musical, onde organizamos a orquestra da UMCEB.

Gervásio sempre se colocou como voluntário para ajudar as pessoas.

O sucesso deste jovem empreendedor estava garantido.

Quando nos conhecemos, éramos 3º Sargentos Músicos do Exército, porém ele decidiu pedir baixa para desenvolver seus trabalhos em outra área profissional. Eu continuei a carreira militar, fui promovido a oficial, hoje sou 1º Tenente Músico Regente da Banda...

Quero parabenizar este grande amigo por mais uma obra literária, tenho certeza de que seu exemplo de vida será seguido por muitas pessoas.

Edésio Gomes

1º Tenente regente da banda
de Música do DPHCEX-RJ

GRATIDÃO!

Esta é uma palavra definida como a "qualidade de quem é grato", "agradecimento", "reconhecimento" (Michaelis). Para alguém ser agradecido, precisa, antes, "sentir-se" agradecido. Esse sentimento de gratidão é que acaba por fazer a grande diferença em nossa maneira de viver, pois uma pessoa que se sente agradecida, inevitavelmente, será uma pessoa mais feliz.

Esse enfoque não é muito recorrente entre os autores de um modo geral. Daí a importância do presente trabalho.

Quando conheci Gervásio, levado a nossa casa pelo meu irmão Netto, baterista de nossa banda de garagem e de igreja, foi-nos apresentado como seu amigo e aluno de bateria. Para nós era o bastante para considera-lo um amigo também. Mas nunca imaginávamos que esse pequeno gesto seria tão importante para ele. Depois daqueles tempos de convívio, muitos anos se passariam até que nos víssemos novamente e que surpresa agradável saber que Gervásio continuou a caminhar para frente e para coisas novas, tornando-se escritor e compartilhando esse tão lindo e inspirativo sentimento de gratidão com outros.

Agora, deparo-me com essa surpreendente autobiografia do querido amigo cujo fio condutor é sua bela história de vida permeada de gratidão em meio a circunstâncias muitas vezes cômicas que eu próprio desconhecia, mas, sem dúvida, instrutivas.

Quando abstraímos o cenário e nos focamos no enredo, descobrimos que a história de Gervásio é, na verdade, um pouco da história de cada um de nós. Ao ler seus relatos, percebemos que é possível para qualquer um vencer mesmo quando os inícios não nos são tão favoráveis e as adversidades nos pressionam, certo que a melhor força propulsora será a gratidão pelos pequenos (mas importantes) êxitos que conseguirmos.

Vale lembrar, por fim, que a proposta do autor, foi também uma recomendação do Apóstolo Paulo ao indicar, em Efésios 5:20, como deveríamos conduzir nosso viver diário:

"Dando sempre graças por tudo a nosso Deus e Pai, em nome de nosso Senhor

Jesus Cristo"!

Com gratidão,

Dr. Gamaliel Seme Scaff
Desembargador - Curitiba/Paraná

Conheci o Gervásio ainda um menino, recém-egresso da escola de formação de sargento, músico, no caso, no tempo em que eu era encarregado da instrução no 4º blog em Santa Maria, RS. Na verdade, um noviço no meio daquelas cobras velhas do quartel: noviço de idade e de experiência na vida militar, que ele entendia como uma empresa ou escola. Nesse tempo, eu também enfrentava o maior drama pessoal por que já passei em minha vida de 65 anos de tempo e de usura. Meu filho de 5 anos enfrentava uma leucemia e precisei muito da ajuda e da boa vontade do Sargento Gervásio para fazer uma ponte com o Hospital das Clínicas de Curitiba, cidade que ele bem conhecia e da qual me passava informações, e até transportar uma amostra de sangue pelo ônibus ele se dispôs a fazer como favor pessoal para mim.

O quartel não era lugar para o Gervásio. Ele era mais puro, sem malícia, sem a manha da vida dos milicos profissionais, e o seu jeito de servir era entendido dentro de outros parâmetros. Que bom vê-lo depois de trinta anos escrevendo, passando experiências, e o que é ainda mais significativo para mim: lembrando-se de mim como um amigo. Não é qualquer major que conquista pela amizade o coração de um sargento recém-formado. Não tenho dúvida alguma de que a sua alma pertence à categoria das pessoas de bem. Se não for a alma, deve ser o coração bondoso que o faz ser assim, com esse caráter de gente do bem...

Um abraço, meu amigo velho.

Coronel R1 Zauri Tiaraju

Prefeito de Caçapava do Sul, RS de 2009 a 2012.

Gervásio é, para mim, um grande e querido amigo que conheci na pós-adolescência em Curitiba, numa das fases mais interessantes de nossas vidas, época em que tocávamos em uma Banda Evangélica, éramos um grupo independente e viajávamos por vários lugares para tocar nos congressos... Inesquecível!

Fiquei muito feliz com a atitude do autor por me citar nesta obra, com seu título sugestivo e tão oportuno nos dias que vivemos; sabia que vinham coisas boas por aí, e não foi diferente, com ideias e experiências que com certeza nos levam a pensar, refletir melhor sobre os passos que já demos na vida e, principalmente, nos quais ainda estão pela frente, pois estes poderão fazer grande diferença nos resultados econômicos e sociais das nossas vidas.

Quero parabenizar Gervásio pelo excelente trabalho que tem realizando com esta obra.

Pessoa agradecida é melhor resolvida,

Agradeça e Enriqueça!

Edison Oliveira

Empresário em Boston/EUA.

CONHECER O TIO GERVÁSIO (PERMITA-ME REFERIR ASSIM) FOI um presente para minha existência: no primeiro sorriso dele, encontrei no olhar uma pessoa de Deus. Os rápidos encontros que oportunizaram nossa convivência me ensinaram justamente sobre o tema deste livro: a gratidão. Sete anos mais tarde, agora com a oportunidade de ler o livro *Agradeça e Enriqueça* em primeira mão, descobri o Gervásio que se revela nas páginas deste livro modesto, de linguagem fácil e acessível e com ensinamentos tão simples quanto essenciais. Tão relevantes quanto esquecidos pela pressa do século XXI. Engana-se quem espera um manual de enriquecimento financeiro. Não perca seu tempo. Mas, se quiser admirar a trajetória de um homem simples, moldar seu caráter na gratidão e, quiçá, se inspirar, vá em frente!

Ester Athanásio
Jornalista – Curitiba-PR

Li o livro *Agradeça e Enriqueça*, muito bacana seu foco de ajudar e motivar as pessoas a refletirem nos degraus da vida e repensar o seu caminho.

Quero te agradecer por cada palavra. Mesmo eu não sendo financeiramente rico na época, mas, lógico, comparado a um menino que vendia laranja, sim, eu era rico, e muito.

Nossa casa foi comprada na época que meu pai foi deputado estadual, em 1966.

Minha mãe sempre reclamava dela, que era muito grande para limpar, mas era uma casa linda.

Minha primeira bateria, não foi comprada por meu pai ou mãe, mas foi pelo meu irmão.

Devo tudo não à riqueza do meu pai, nem à coragem absurda da minha mãe, mas a uma família, onde os valores do coração eram maiores.

Esse é um resumo, mas sempre fui rico, não financeiramente, mas rico em irmãos e amigos.

Um deles, hoje, escreve um livro, e ainda me pede autorização para falar bem de mim.

Meu querido amigo, agradeço a Deus pela pessoa que é e tenho a honra de tê-lo como amigo.

Diz um ditado que, para conhecer seus verdadeiros amigos, mostre as suas contas e, olha, você passou com louvor nesse teste. Então, Gervásio, saiba que a porta da minha casa, agora, apesar de velha, sempre estará aberta.

Deus te abençoe muito e siga em frente.

Um enorme abraço.

Celso Aratangi Scaff – Netto

Maestro e empresário – Curitiba-PR

"FELIZES OS MORTOS QUE MORREM NO SENHOR... POIS AS suas obras os seguirão" Ap. 13.

Julgamos que essa passagem bíblica inspirou o autor, assim como escreve no interior desta obra "... não quero passar por essa vida sem que tenha ajudado pelo menos uma pessoa sequer". Agradecemos por ter escolhido a nossa escola como ponto de referência para sua reflexão, que culmina na produção da obra *Agradeça e Enriqueça*. Que constitui e constituirá uma fonte de inspiração para a sociedade moçambicana, particularmente, aos nossos alunos e docentes, visto que propõe uma educação tendente ao desenvolvimento moral e espírito de caridade.

Na sua visita a Moçambique, especificamente a nossa escola, o autor constatou que neste país não existe educação escolar gratuita, tendo contribuído através das suas ideias e orações, encorajamento no espírito de caridade, dispondo uma ajuda material, concretamente em custear os estudos de algumas crianças cujos pais não conseguem fazê-lo.

Este gesto é louvável tanto para escola, assim como para a comunidade no geral.

Acreditamos que, com o livro *Agradeça e Enriqueça* este espírito poderá fazer parte de outros, que desejarem prestar serviços de caridade no sentido de ajudar aqueles que se encontram numa situação deplorável. Aliás, bem antes da publicação desta obra, verifica-se um espírito do bom senso por parte dos docentes que dedicam grandes esforços para prestarem serviços de educandos, recebendo valores insignificantes. Logo, queríamos também agradecer a estes pela dedicação que têm prestado na formação dos educandos das nossas comunidades, sem se preocuparem tanto pelo dinheiro, sendo que este constitui um bem precioso para todo profissional.

Ao nosso ver, o autor desta obra constitui uma grande lanterna que iluminará nosso caminho na educação escolar no país, através das suas ideias de que tudo é possível e cada um de nós pode fazer a diferença, esta obra irá enriquecer a maioria dos corações moçambicanos e, por isso, iremos agradecer e enriquecer infinitamente.

Desde que recebemos esta obra (ainda por publicar) centenas de crentes estão orando a favor do bom êxito da mesma até a data prevista para a sua publicação. Sentimo-nos honrados, por sermos a escola anfitriã que acolherá o lançamento desta obra em Moçambique.

Lote Daniel Monjane
Diretor da Escola 4 de Outubro
Moçambique - África

A Escola Comunitária 4 de Outubro

Foi criada em 1988, por iniciativa do cidadão Lote Daniel Monjane, procurando responder às exigências políticas, sociais e culturais da sociedade moçambicana; teve a sua inauguração no dia 4 de Outubro de 1992, data da assinatura dos Acordos de Paz, razão principal que levou a que se atribuísse o nome da "Escola 4 de Outubro" e por prestar ajuda diretamente à comunidade inserida num bairro chamado Polana Caniço "A", é designada "Escola Comunitária 4 de Outubro da Polana Caniço "A".

MINHA JORNADA

Com meus pais e irmãos: Maria Anita, Israel, José Assis e José Nildo.

Na Escola 4 de Outubro, no bairro Konob, Moçambique, África. Com o diretor Sr. Lote.

Festa de comemoração do "Domingo Nunca visto"
Moçambique, África.

Com meu filho Junior, em casa, Santa Maria-RS.

Com o então Sargento Edésio Gomes, maestro da Orquestra da UMCEB, no quartel do 27º B.LOG, Santa Maria-RS.

Minha esposa Vera e filhos Junior e Vinicius.

Com Daniel Iensen, nos estúdios da Rádio Marumby, Curitiba-PR.

Em 1982, com Gilberto Fraga, Dr. Gamaliel Seme Scaff, Gilberto Souza, no auditório da reitoria, em Curitiba-PR.

Com o Pr. Tom Hess, fundador da Jerusalém, casa de orações para todas as nações, e da comunidade messiânica de reconciliação de judeus e palestinos, no Monte das oliveiras.

No Monte das Oliveiras, em Israel, tendo o lindo pôr do sol e a cidade de Jerusalém ao fundo.

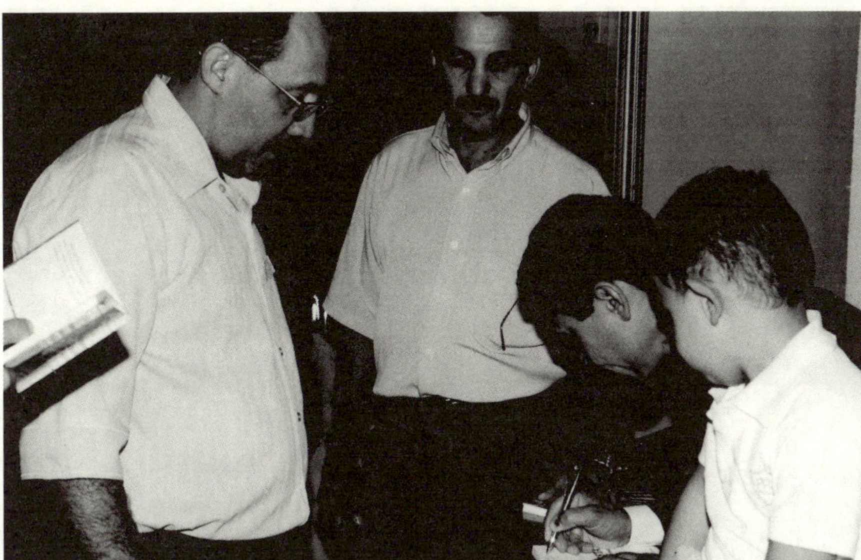

Lançamento do livro Otimista de sucesso *(Câmara de Vereadores de Carapicuíba-SP). Na foto empresário Eudomar Leal, sentado, o filho João Pedro, e o escritor e sargento Souza.*

Arrecadação e atendimento às vítimas da enchente em Petropolis-RJ, em Janeiro de 2011.

Arrecadação e atendimento às vítimas da enchente em Petropolis-RJ, em Janeiro de 2011.

Julho de 1012, em Cesena, Itália — O Papagaio Zé Carioca do Brasil.

Julho de 1012, em Cesena, Itália — O Coliseu de Roma.

Palestra no Sebrae-Osasco.
Vereador e Pastor Marcos Arruda e esposa.

Na Escola 4 de Outubro, no bairro Konob, Moçambique, África.

BIBLIOGRAFIA I

Leituras

Bíblia Sagrada — revista e corrigida — João Ferreira de Almeida
12 semanas para mudar sua vida — Augusto Cury
Casais inteligentes enriquecem juntos — Gustavo Cerbasi
Pais brilhantes, professores fascinantes — Augusto Cury
Como fazer amigos e influenciar pessoas — Dalle Carnegie
A ciência do sucesso — Charles G. Koch
Os segredos da mente milionária — T. Harv Eker
As pessoas em primeiro lugar — Dermeval Franco
Quem pensa enriquece — Napoleon Hill
O maior vendedor do mundo — Napoleon Hill
Administração financeira da família — Antonio Oliveira Tostes
O sucesso não ocorre por acaso — Lair Ribeiro
Como ter sucesso — Lair Ribeiro
A Bíblia do otimista — R. Stanganelli
A filha que o rei não quis — Sandra Arantes do Nascimento e Walter Brunelli

BIBLIOGRAFIA II (AS PESSOAS SÃO A REFERÊNCIA)

Quero deixar um registro singelo de pessoas que, direta ou indiretamente, influenciaram minha vida, minhas escolhas e, consequentemente, meus resultados.

Sei que muitas dessas pessoas talvez jamais venham a ler este livro, mas, ao serem lembradas por todo o bem que, consciente ou inconscientemente me fizeram, servirão como referência para outras pessoas.

Minha família: Esposa Vera Lucia, filhos Junior e Vinicius, minha mãe Rita Matos, meu pai João A. Matos (em memória), meus irmãos Adão (em memória), Cilira, José Antonio, Waldemar, Maria Anita, Israel, José Assis, José Nildo, Raquel e Otoniel.

Todos meu parentes indistintamente.

Amigos de São Paulo, Paraná, Rio Grande do Sul, Mato Grosso, Itália, Estados Unidos, Israel, Moçambique.

Influenciadores na vida militar: General Braga, Capitão Aziz, Tenente Darvim, Tenente Karmaluk, Sargento Caraveta, Coronel Justo, Coronel Frota, Tenente-piloto João Luiz, Coronel Tiaraju, Tenente Edésio, Coronel Nascimento, Sargento Diozi e Tenente Silvanei.

Aos muitos pastores e todos irmãos e amigos do convívio religioso.

Amigos músicos Natanael Amaral (em memória), Wanderlei Iensen (em memória), Gilberto Fraga, Gilberto Souza, Edilson, Edson, Neir Menezes, Mario Cloves (maestro Marinho Brazil), Netto, Dr. Gamaliel (Seminho), Misael Passos, Daniel Iensen, Ezequiel de Matos, Neire Meneses, Daniel Milak, Isaltino, Morbeque.

Amigos da infância e professores da escola primária, secundária e faculdade. Professores e colegas dos Cursos de: Administração de empresas e Marketing, Faculdade Nossa Cidade.

Teologia: ETAD - FAETPMAT - FALC.

Amigos do Facebook.

Pandorga
NACIONAL

INFORMAÇÕES SOBRE NOSSAS
PUBLICAÇÕES E ÚLTIMOS LANÇAMENTOS

FACEBOOK.COM/EDITORAPANDORGA

TWITTER.COM/EDITORAPANDORGA

WWW.EDITORAPANDORGA.COM.BR

ESTE LIVRO FOI COMPOSTO EM
GHANDI SERIF E CRONOS.